SIX MACEDONIAN POETS

SIX MACEDONIAN POETS

Translated by
Zoran Ančevski, Ljubica Aršovska,
Elizabeta Bakovska, Iliya Čašule, Cliff Endres,
Milne Holton, Igor Isakovski, Carolyn Kizer,
Peter H. Liotta, Arvind Krishna Mehrotra,
James McKinley, Graham Reid, Peggy Reid
and Tomas Shapcott

Edited by Igor Isakovski
and introduced by Ana Martinoska

Arc
PUBLICATIONS
2011

Published by Arc Publications
Nanholme Mill, Shaw Wood Road
Todmorden, OL14 6DA, UK
www.arcpublications.co.uk

Design by Tony Ward
Printed by Lightning Source

ISBN: 978 1906570 49 1

The publishers are grateful to the authors and,
in the case of previously published works, to their publishers
for allowing their poems to be included in this anthology.

Cover image: © Miroslav Masin, 2011

This book has received a subsidy from the Macedonian Ministry of Culture.
The publishers would like to express their gratitude for this support,
without which this book could not have been published.

Supported by
ARTS COUNCIL
ENGLAND

The 'New Voices from Europe and Beyond' anthology series is published in
co-operation with Literature Across Frontiers which receives support
from the Culture Programme of the EU.

LITERATURE
ACROSS
FRONTIERS

Arc Publications 'New Voices from Europe and Beyond'
Series Editor: Alexandra Büchler

CONTENTS

ACKNOWLEDGEMENTS

Poems in this anthology have previously appeared
in the following publications:

ELIZABETA BAKOVSKA

Biography of Our Love (Blesok, 1999); *Condition
of Body and Mind After You Turn Thirty* (Edition
Borea, 2005)

LIDIJA DIMKOVSKA

Nobel vs. Nobel (Blesok, 2001); *Do Not Awaken
Them With Hammers* (New York: Ugly Duckling
Press, 2006)

BOGOMIL GJUZEL

*Reading the Ashes: Anthology of the Poetry of
Modern Macedonia* (Pitt Poetry Series); *Longing
for the South: Anthology of Contemporary Mac-
edonian Poetry* edited by Sitakant Mahapatra and
Jozo T. Boshkovski (New Delhi, India: Prachi
Prakashan, 1981); *Macedonian Review*, no. 1, 1992;
*An Island on Land: Anthology of Contemporary
Macedonian Poetry*, compiled, edited and translated
by Ilija Čašule and Tomas Shapcott (Macquarie
University, Australia, 1999); *The End of the Century:
Macedonian Poets in the Last Decade of the 20th
Century*, selected by Danilo Kocevski (Struga Poetry
Evenings, 1999).

KATA KULAVKOVA

Domino (Komanovo: Potkozjachki sredbi, 1993) and
Thin Ice (Skopje: Makavej, 2008).

JOVICA IVANOVSKI

Selected Poems (Blesok, 2002)

Six Macedonian Poets is the seventh volume in a series of bilingual anthologies which brings contemporary poetry from around Europe to English-language readers. It is not by accident that the tired old phrase about poetry being 'lost in translation' came out of an English-speaking environment, out of a tradition that has always felt remarkably uneasy about translation – of contemporary works, if not the classics. Yet poetry can be and *is* 'found' in translation; in fact, any good translation *reinvents* the poetry of the original, and we should always be aware that any translation is the outcome of a dialogue between two cultures, languages and poetic traditions, collective as well as individual imaginations, conducted by two voices, that of the poet and of the translator, and joined by a third participant in the process of reading.

And it is this dialogue that is so important to writers in countries and regions where translation has always been an integral part of the literary environment and has played a role in the development of local literary tradition and poetics. Writing without reading poetry from many different traditions would be unthinkable for the poets in the anthologies of this series, many of whom are accomplished translators who consider poetry in translation to be part of their own literary background and an important source of inspiration.

While the series 'New Voices from Europe and Beyond' aims to keep a finger on the pulse of the here-and-now of international poetry by presenting the work of a small number of contemporary poets, each collection, edited by a guest editor, has its own focus and rationale for the selection of the poets and poems.

Six Macedonian Poets makes available to the English-language reader the work of six of the finest contemporary Macedonian poets, including Igor Isakovski, who, as an advocate of Macedonian literature, selected the featured poets to represent the breadth and complexity of the country's literary culture. Amongst the multi-vocal, multi-generational perspectives of these distinctive poets, whose subjects range from the mundane to the mythological and from the urban to the epic, can be seen common threads: an ancient and ever-evolving oral tradition, the intimacy of private love and loneliness, and a preoccupation with the ways in which the life of poetry connects the individual both to the socio-political climate and the cultural identity of the nation. Collectively, these poets weave a picture of Macedonian literature as a diverse and richly inter-textual tradition which, in this selection of contemporary voices, claims its place in the wider literary world.

I would like to thank Dr. Ana Martinoska for her excellent introduction, all those who made this edition possible and, above all, the poets and translators themselves.

Alexandra Büchler

SCORPIUS BALCANICUS[1]
OR HOW TO READ MACEDONIAN POETRY

Seven years ago, during a research stay at Oxford University's summer hospitality scheme, I first became acquainted with my appointed mentor over lunch at his college. At first, I felt slightly uncomfortable having a meal at high table alongside other professors, while the students sat at tables positioned a few steps lower. During the first course, I became even more uneasy when the renowned literature professor started bombarding me with questions. Having my background on his mind, he began with a political analysis of Tito and the break-up of the former Yugoslavia. Soon, he switched to poetry, obviously his favourite topic. Being a poet himself, he was interested in Macedonian poetry. That raised two questions in my mind: what to tell someone who is, more or less, uninformed of a far-away country and its literature in order to present the specific notion of Macedonian poetry throughout the ages and make him intrigued by it; and on the other hand, how to explain it when there are hardly any translations available.

I've had nearly the same dilemma writing this introduction, and, therefore, I'm about to present to you nearly all I told my Oxford professor. Hopefully it may well provide some understanding of Macedonian poetry in all its complex forms regardless of the reader's prior knowledge of the socio-political and cultural context in which it is generated. However, simply having this worthy book, which contains a few of the finest examples of Macedonian contemporary poetry, is an advantage I didn't have back then. For that, we must congratulate Arc Publications. Offering the British and international public a bilingual edition that presents poetry from a small Balkan country such as Macedonia as a part of the series *New Voices from Europe and Beyond* might be considered a bold and daring step, and thus witnesses the publishers' broad-mindedness and openness towards diversity, distinctiveness and multiculturalism. For us, it proves the inevitable fact that there are no nations or literatures that are small, insignificant or culturally less important than others, and that every culture and genre should be presented to a broader audience without hesitation or fear of marginalisation. Next, our gratitude goes to the amazing advocate of Macedonian literature, Igor Isakovski, a *spiritus movens* of the cultural institution "Blesok" and the on-line literary magazine of the same name, who made the selection of poets here presented. We also extend our gratitude to the remarkable translations made by a range of respectable translators.

---

[1] The title of a poem by Kata Kulavkova used here as a metaphor for Macedonian poetry in general.

We appreciate the value of translation, in this particular case and in general, as one of the best forms of cultural representation, as mediation among languages and nations, cross-cultural and inter-cultural communication, bringing the world closer together, both in time and space. And although translation is a crucial part of presenting one's culture, in order to help readers to relate to this book better, we feel that giving a brief overview of Macedonian poetry in general is necessary. To begin with, it is useful to be aware of the country's history – its struggle for national awakening and independence, as well as the current socio-political circumstances of this small South European country facing numerous challenges, both internal and in the process of mapping itself internationally – to be able to understand its culture, and especially its poetry.

Free of national pathos and needless details on the numerous military conflicts, the political, religious and assimilative pressures of many nations in the socio-historical growth of Macedonia, we just want to indicate the degree to which historical circumstances influenced the dynamic of art and culture in Macedonia. Namely, one of the leading debates regarding Macedonian literature concerns its (dis)continuity due to periods of inaction, intrusions and interruptions. In spite of everything, whether it was written in the official Macedonian language, in a dialect or in some other language; whether it is published in the Macedonian state or some other; we insist on talking about the continuity of Macedonian literature even if we describe it as specific and atypical. Many academics have agreed that this continuity needs to take into account medieval Macedonian productions (both original and translated); the written resources of the Macedonian oral literature; literature of the nineteenth century; contemporary literature, created after World War II – that is, after Macedonian independence; and the official recognition of the Macedonian language.

As expected, the indisputable growth in Macedonian literature is coming into its contemporary phase, when it needs to record its progress in order to favourably compare with other European literatures. Naturally, it had its rich folklore as compensation in the creative arena; hence, based on this oral tradition, and on its models, genres and originality, contemporary Macedonian literature was re-born. In this context, oral literature, which existed during all the periods of literacy, was not only the first phase of the Macedonian literature but also an inspirational model, and a base for contemporary literature in its initial phase. Later on, poets detached from oral literature as a leading paradigm, but even today, there are still many instances of the implementation of this oral tradition in new ways, as an inter-text in contemporary literary works. Thus, the language and all the spiritual potential of authentic Macedonian oral literature was modified in an artistic literature that produced its own literary system, with genres, stylistic formations, and a variety of different poetics, etc. Needless to say, this progression goes from realism (including social-realism in the years after World War II) through modernism (in the '60s), anti-modernism ('70s and '80s) to inter-textuality and postmodernism (in the last few decades). In the Macedonian case, this growth was not always chronological or strictly distinct, but rather opposing styles shifted, one after another, at times coexisting and on other occasions even combined in one author's work. This is only to illustrate that no direct analogy to western European literature should be drawn.

For a long time, it was believed that poetry was the best in Macedonian literature, sometimes even considered the best in the culture as a whole. This statement refers mostly to oral poetry, but it still applies to the contemporary work. The nation is full of pride for its collective spirit in regards to oral poetry, which represents cultural diversity, and the social, religious and ethnic mixture of all the influences in this territory, starting with its Slavic background and Byzantium medieval tradition, through the continuous interaction with neighbouring civilisations and Balkan cultures, to the huge impact of the five hundred year Ottoman rule. This collective heritage was later adopted by the Miladinovci brothers, Grigor Prličev and other nineteenth century poets, who used the synthesis of tradition and innovation to make up for the past and, at the same time, to be in step with current achievements on the greater literary map. They were followed by one of the first great figures in Macedonian poetry Kočo Racin, and then by Bla•e Koneski, Aco Šopov, Slavko Janevski, Gane Todorovski, Ante Popovski and many more. The list goes on and on, which makes it very challenging to summarise it in just a few lines, but it is vital to know that Macedonian poetry provides instances of intimate, symbolist, modernist, futurist, neo-symbolist and other poetry processes. It includes many different poetic sensibilities, aesthetic movements, personal impulses and uniqueness. A testament to Macedonians' high regard for poetry is its well-known international poetry festival "Struga Poetry Evenings," held annually in the city of Struga. During the several decades of its existence, the festival has awarded its most prestigious award, "The Golden Wreath," to some of the most notable international poets, including Mahmoud Darwish, Joseph Brodsky, Allen Ginsberg, Pablo Neruda, Eugenio Montale, Léopold Sédar Senghor, Ted Hughes, Miroslav Krle•a, Yehuda Amichai and others.

But, as the first creed of "Blesok" says on the issue of presenting Macedonia to the world: "Let's not retell stories of the past and of history; it makes the past appear more glorious day by day, while the present seems more and more tragic in comparison. Hence, 'Blesok' aims for the future, for the unexamined spaces of being. One of them is a new way of communication." Having all these in mind, we ought to give more attention to the contemporary poetry presented in this anthology by raising the question of whether this selection is making contemporary Macedonian poetry visible to potential readers. In order to prove our belief that these six authors are adequate to present the pulse of the Macedonian literary milieu, we will examine whether they are the most representative poets.

We applaud the obviously intentional tendency for gender balance, as *Six Macedonian Poets* features the work of three men and three women who have helped to shape the face of contemporary Macedonian poetry over the past five decades. For a long time, it was believed that the canon of the Macedonian poetry was predominantly male. Certainly, it had its female voices. Indeed, folk history remembers the name of many talented singers with repertoires of hundreds of memorised folk songs, which proves Macedonian women were the keepers of centuries old culture. This anthology, therefore, is unlike most previous anthologies, where women were often outnumbered or misrepresented.

Still, having in mind the poetry itself, we will not introduce the poets to you in regard to their gender, even though, obviously, they all create in the context of their own gender. Rather, we will take into account the sensibilities of their poetics. Two of the poets, BOGOMIL GJUZEL (b. 1939) and KATA KULAVKOVA (b. 1951), stand out not only for belonging to a different generation from the rest – but also for the fact they have already been confirmed and recognized by the public for their significance among the living bards of Macedonian poetry with dozens of published works. Their poetic path has not always been an easy one, since they've been presenting a new, contemporary Macedonian poetic voice. This especially comes into play for Bogomil Gjuzel, who was part of a duo (with Radovan Pavlovski) which stated its own manifesto in 1961, called "Epic on vote," which insisted on psychological traditions paralleling the historical ones; the life of the past in the present; and the understanding of the song as a space for dramatic, epic conflict. In that vein, his epic is delivered with a lyrical voice, and his narrative poetry has been acknowledged by the critics as "poetics of criticism, revolt and bitterness." One of its leading features is its use of the Macedonian mythological base as well as inter-textuality, which is a continuum of the previously-mentioned collective heritage, including the Balkan past, real or imaginary, ancient mythology and Christian symbolic and apocalyptic visions. It is rather dark and disturbing but deeply thoughtful, articulating his rationale of life and death, peace and war, and men and women, on issues such as presence, existence, sacrifice, as well as the problems of everyday life.

Some of the same concepts and poetic notions can also be detected in Kulavkova's writing. As a distinguished university professor and member of the Macedonian Academy of Sciences and Arts, her writings are full of inter-textuality and evocations of the Christian and Muslim holy books, traces of her previous readings from Aristophanes through T. S. Eliot and Umberto Eco to Meša Selimović, numerous mythical images and divine forces, lots of old and some new fairy-tales, allusions of Babylon and most of all, signs of Macedonia. The motherland is the predestined focus in her hermetic poetry, although poems represented in this volume come from different periods and phases of her work. It contains phonological figures and speech games, where sounds create meaning, or the meaning is created through the sounds. Moreover, through her infatuation with language, we can feel her love for her country and its nature, for the sun and the moon, for rituals and energies, bodies and the essence, and, above all, we can sense her female voice, the voice of Eros, the themes of fullness, yearning, desire and passion. Or as she puts it: "And you stop wondering why reality is not enough for dreaming and what is it which is not wakefulness but exists!"

The following two poets can easily be brought in relation with one another, not only because they are part of the bohemian Skopje night-life, where we've heard them reading their poetry (again in the good Macedonian manner of oral transmission), but also living and reliving their poetry all over again, as their writing is so true, so realistic and genuine. JOVICA IVANOVSKI (b. 1961) is a poet who constantly tries to discover and explain his own world, his poetry and his life, which creates a personal, almost confidential, feeling for the reader. From the very beginning, the reader can identify with the trivial things that make life what it is, but his unpretentious words that present images of a totally urban everyday life – like vanilla ice-cream or phone books – are just the first impression. Other than those rather conventional thoughts, you will witness the deeper meaning behind those memories, behind the city and the people, as you sense contrasting emotions as a result of those connections, love making, marriage, adultery or divorce, life and its leading to death. And all this originates from a distinctive and an extremely male position.

With a similar perception of Skopje, the capital of Macedonia, as an ultimate urban toponym for a generation which is too young to become totally resigned by the transition of the society and the non-existent value system, but at the same time old enough to be sarcastic and irritated by it, we locate in the poems of IGOR ISAKOVSKI (b. 1970). His world is full of ex-girlfriends, bars and alcohol, poetry and prose, blues and Tom Waites. In this fog of memories, in this fusion of images, we perceive his love of life and his attempt to live it to the fullest. But at the same time, this life has another side: behind the façade, proud emotions like loneliness are hidden. Isakovski also contemplates how to write a poem, how to find one's own truth so someone can identify with it as their own. This seems to be one of the most common themes of the poetry written by all six poets included in this anthology: its self-awareness, its quest for the definition of their own *ars poetica*, its search for the creational *raison d'être*.

Is poetry just an opposite of routine? Is it demagogy? Is it an illusion or the meaning of the existence? These are the questions ELIZABETA BAKOVSKA (b. 1969) is trying to answer in her exceptional poems. Her writing reflects her intimate world. It is full of love, passion, silence, loneliness, relationships, expectations, tears and yearning for youth; but on the other hand, she raises her voice against mediocrity, ideologies, the vulnerability of a person against the general public, and the compromises one has to make in life. Bakovska's words are so effortless, but yet so touching and personal and, still, a meeting point for the larger collective. Her case proves that also holds true for the other poets represented here: their creative individual world is firmly tied to the country's socio-political establishment and to the cultural intimacy of national and collective identity.

The last, but certainly not the least, poet we refer to is LIDIJA DIMKOVSKA (b. 1971). Her education and life outside Macedonia has influenced both her prose and poetry. Here, we also perceive her life in migration, her nostalgia and memories of former times and ties, ironically connected with her continuing development begun elsewhere; where she searches for the truth, her gender identity, her lost sensations, her religious beliefs, and a self that is frightening to her. Between weddings and funerals, among Brodsky, Walt Disney and Mary Magdalene, she fears war in Macedonia, she worries that "Between birth and death life has no guarantee, the only service station being that still within ourselves." Such big thoughts can come from "small" nations, both she and all other poets agree. And their poems provide strong evidence to support this claim.

For such a production, not only was it probably an extremely difficult task for the selector Isakovski to make his choices, but it also demands we come to a general conclusion about this poetry. Although they have common subjects such as Macedonia (or six different Macedonias: the mythical, the urban, the past, the present, the bitter and the sweet), their self-perception and the attempt to understand their own urges for writing, in addition to the universal and eternal topics of Eros and Tanathos, their poetry is still multicoloured, polyphonic, diverse in form of metonymical discursive practice, and rich in quoted codes of the multi-perspective space of culture.

Finally, I want to make clear the analogy with the dining tables at the beginning of this foreword. Unlike the common professors' policy of giving lectures from a position on high, I've tried to step out of academia as much as I could and present Macedonian poets from the readers' point of view or, as cultural studies would put it, from below. That is why I do not insist on any theoretical approaches, but instead I encourage the readers to discern their own values and meanings. Furthermore, I do not insist on locating one specific voice for all of the six Macedonian poets from this volume, but invite the readers to find the diverse and multiple voices of each individual poet themselves. That is why there is only one thing I want to recommend to the readers: enjoy this definitively good poetry!

Ana Martinoska

ELIZABETA BAKOVSKA

PHOTO: AUTHOR'S ARCHIVE

Born in 1969 in Bitola, Macedonia, Elizabeta Bakovska graduated from the Department of English Language and Literature at the Faculty of Philology in Skopje, and obtained her MA at the same Faculty. She has, to date, published two poetry collections (*Biography of Our Love*, 2003 and *Conditions of Body and Mind after You Turn Thirty*, 2005), a collection of short stories (*Four Seasons*, 2004) and a novel (*On the Road to Damascus*, 2006), as well as occasional literary and critical texts.

Elizabeta Bakovska is an editor of *Blesok / Shine*.

КАКО КОНЕЧНО МЕ НАТЕРА ДА СИ ОДАМ

Со џепното ноже
с ги сечам ноктите
на оваа густа тишина –
молковни полумесечинки
што ги собирам во влажни
шамивчиња.
Овој неговор меѓу нас ита
по рамниот автопат
заробен во волшебниот круг
на петте брзини, кочниците
и твоите раце врз воланот.
Зад нас продолжува да пулсира
пајажината на каналите –
некои нови туристи
ги газат нашите
изодени никаде неводени
патеки.

ОЧЕКУВАЊЕ...

   Hа животот

Сите мои мили луѓе
мислат дека живеам,
а јас само во сон стареам.
Како лоша поезија
собрана во македонска антологија,
ме исполни оваа празнина.
Мислејќи дека сум независна,
неуморно им робувам на навиките.
Јадењето брза храна,
гледањето пристрасна телевизија
станувањето во седум и петнаесет –
моите ситни банални господари
имаат срца од камен.
Како и сиот мој народ,
потиштена и безволна,
во секојдневието
јас животот го очекувам.

THE WAY YOU FINALLY MADE ME LEAVE

I'm cutting the fingernails
of this thick silence
with my pocket knife –
crescents of silence
collected in wet handkerchiefs.
This non-speech between us
rushes along the flat motorway,
captured in the vicious circle
of the five gears, the brakes
and your hands on the wheel.
The pulsating spider web of canals
remains behind us –
some new tourists
now follow the trails
we left, leading to nowhere.

EXPECTING...

THE LIFE

All of my dear people
think that I'm alive,
but I just grow old in my dreams.
This emptiness has overwhelmed me
like bad poetry
collected in a Macedonian anthology.
Thinking that I am independent,
restlessly I become a slave to my habits.
I eat fast food,
watch biased TV
wake up at seven fifteen –
my petty, banal masters
have hearts of stone.
Just like all of my people,
disheartened and inert,
every day
I expect my life to start.

На средбата

Јас живеам далеку од тебе.
Во друга димензија го врвиме
истиот пат во исто време.
Тремаџиски
минувам по твојата улица,
жедно посакувајќи да те видам,
а се плашам и од твојата сенка.
Север-југ –
иглата на мојот компас ми вели
таму да те барам.
А јас пак заслепено
сонцето го следам.
Исток-запад,
денот и ноќта
сеедно се менуваат.
Не ги ни бројам
очекувам да те сретнам.

ПРЕКОРУВАЊЕ...

На помладиот љубовник

Неа ја сакам, рече,
онаа опитната, богови,
неа сакам да ја земам.
Не ми треба девојче со
мазно чело, лукава нимфа
што со гладни очи имотот ми го голта.
Сакам жена што ќе ме научи
чесно да ја љубам.
Осамена за со неа да не бидам сам,
натажена солзите да ми ги суши,
страсна во вениве крвта да ми ја врие.
Неа, единствено неа ја сакам.
А потем, љубопитно како секое дете
кутијава од рацете ми ја чапна,
и згрозен од грдите лузни
што во неа ги криев,

THE ENCOUNTER

I live far away from you.
In another dimension we walk
the same road at the same time.
Nervous,
I pass by your street,
thirsting to see you,
scared of your shadow.
North-south –
my compass needle says
I should look for you there.
And yet, blinded,
I follow the sun.
East-west,
day and night
keep on changing.
I don't even count them.
I expect to meet you.

REPRIMANDING...

THE YOUNGER LOVER

It's her that I want, you said,
the experienced one, oh god,
it's her that I want to take.
I don't need a girl
with a smooth forehead,
a shrewd nymph
devouring my land
with her hungry eyes.
I want a woman who will teach me
how to love her honestly.
A lonely one so I'm not alone,
a sad one to dry my tears.
A passionate one to boil the blood in my veins.
It's her, only her that I want.
And then, curious like any child,
you grabbed the box from my hands,
and horrified by the ugly scars
I hid inside it,

ме истера ко последна блудница,
сама надежта да си ја носам.

НА ПОСТАРИОТ ЉУБОВНИК

Како вредни пајачиња
твоите очи исплетоа мрежи,
во сребрен филигран
ми ја заробија душата.
Од север како мов ме обрасна
твојата страст, зелена и густа,
се појави одненадеж,
чудесна животворна свежина.
Ми отвори прапочеток
таму кај што мислев дека
ќе најдам само крај.
Не штеди си ја љубовта, ми рече,
нема каде да ја носиш,
секој пат, па и овој,
може да биде последен.
А потоа совеста ти го поткасна
срцето како зрело јаболко,
со траги од заби на градите
си замина оти тешка ти беше
мојата младост.

САМУВАЊЕ...

Со тебе

Не ми значи ништо
ако го снема
светот што го знам.
Овој свет го изградив од песок,
го составив од лего коцки,
го насликав со водени бои,
го наполнив со лажги со опашки.
Во овој свет
сакав сама да бидам среќна,
но како дете чевличиња,
брзо го надраснав.

you threw me out like a slut
to carry nothing but hope.

THE OLDER LOVER

Your eyes, small hard working spiders,
wove subtle webs,
my soul was chained by their
silver filigree.
Your passion, green and thick,
spread over me from the north.
It appeared suddenly,
a miraculous life-giving freshness.
You opened a pre-beginning
in the place I thought
I could only find an end.
Don't save your love, you told me,
you can't take it anywhere,
every time, even this one,
could be the last.
And then your conscience bit into
the ripe apple of your heart.
Carrying traces of teethmarks on your chest
you left, for my youth
was too hard.

BEING ALONE...

WITH YOU

I couldn't care less
if the world as I know it
is gone.
I've built this world of sand,
I've made it from Lego blocks,
I've painted it with watercolours,
I've filled it with white lies.
In this world
I wanted to be happy alone,
but I outgrew it fast,
like a child outgrows her little shoes.

Не ми значи ништо
ако ми шеташ пред порта
а не посакаш да влезеш,
со мнозина ако дојдеш,
посовреме да си одиш.
Не ми значи ништо
сама да сум
сега кога знам
дека совршено сум сама
само кога сум сама со тебе.

СОЗДАВАЊЕ...

НА НОВО ПОСТОЕЊЕ

Не дочекав ни да те преболам.
На брзина, на две-на три,
си ги закрпив раните,
со заби ги искинав конците,
и така крвава пак се втурнав
во нова рунда со хидрите.
Од струготини, од кал, од восок,
од ребро, од што и да е,
морав повторно да те преродам,
оти без тебе немаше смисла
ни во овој живот, ни во оваа земја,
ни во овие мисли што морав
да ги оставам зад себе
за да знаат дека свесно сум постоела
тогаш кога сум те љубела.

НЕМОЌНА, СЕ РАСПЛАКАВ

Немоќна, се расплакав во ходникот,
не чини да плачеш над постелата, ми рекоа.
Се расплакав и не можев да запрам,
се удавив во солзи над сивите плочки,
сред сите рамнодушни минувачи,
неброени глави наведнати над
за мене неважни непознати проблеми.

I couldn't care less
if you walk in front of my house,
and don't wish to enter,
if you come in with many people,
and you leave before them.
I couldn't care less
that I am alone,
now I know
I am perfectly alone
only when I am alone with you.

CREATING...

NEW EXISTENCE

I couldn't wait to get over you.
Quickly, at sixes and sevens,
I sewed up my wounds,
I tore the thread with my teeth,
still covered in blood I got into
a new battle with the Hydras.
I had to re-make you again,
out of sawdust, mud, wax,
of a rib, of whatever,
because without you there was no meaning
to life, in this country,
in the thoughts that I had
to leave behind
so they knew I consciously existed
only when I loved you.

POWERLESS, I BROKE INTO TEARS

Powerless, I broke into tears in the hallway.
It's not good to cry out of bed, they told me.
I broke into tears and could not stop,
I drowned in my tears above the grey tiles,
surrounded by indifferent passers-by,
countless heads bowed above
insignificant unknown problems.

Ти се расплакав во рацете,
ти ги наполнив со сета своја љубов
за оној дел од мене кој никогаш нема да го вратам.
Не биди глупава, ми рекоа, стара е.
Зашто за старите луѓе и коњи не вреди да се плаче,
тие го ислужиле своето,
ја иззобале својата пченица,
го истегнале својот товар,
и сега за нив смртта е исто толку природна
како што за нас, младите, е животот.
Сега ти биди ми дом, ти реков,
и ти ми стана.
Во ходникот, во минување,
како што си е во минување.

ВАРДАРСКА

Туѓинците дојдоа од север.
„Ни викнавте,“ ни рекоа,
ги изедоа кокошките, го испија виното,
и така, сосе калливите чизми,
ни легнаа во постелите.
Следниот ден ни ги заклучија црквите.
„Верувајте во нас,“ ни рекоа,
„оти суеверието и догмата ви
ги заробиле умовите.“
Потоа ни ги силуваа ќерките.
„Свршувајте,“ им рекоа,
„оти суштинско човеково право
на жената е да ужива.“
Нашите дојдоа од југ.
„Ни избркаа,“ ни рекоа,
ги изглодаа коските, ја излокаа водата,
и така, сосе парталавите торби
празно овиснати на плеќите,
ни испозаспаа по шталите.
А ние, ни нивни, ни наши, безимени, ничии,
се стуткавме под сопствените сенки,
ги гледавме водачите, а тие молчеа.
Жените си ги голтаа солзите,
ние си ја голтавме маката,
траевме, оти подобро не ни знаевме.

I broke into tears in your hands,
I filled them with all my love
for the part of me that I will never have back.
Don't be foolish, they told me, she is old.
Old people and horses are not worth crying over,
they've served their term,
they've finished their meagre meal,
they've pulled their load,
and now death is as natural for them
as life is for those of us who are young.
Will you be my home, I asked you,
and you became one.
We pass in the hallway,
as everything passes by.

THE VARDAR SONG

The foreigners came from the north.
"You called us," they said,
they ate our chickens, they drank our wine,
and with their muddy boots,
they lay in our beds.
The next day they locked our churches.
"Believe in us," they told us,
"for superstition and dogmas
have shackled your minds."
Then they raped our daughters.
"Orgasm," they told them
"is a women's essential
human right to enjoy."
Our people came from the south.
"They chased us away," they told us,
they nibbled at our bones, they gulped our water,
and with their shabby bags
hanging empty on their backs,
they fell asleep in our barns.
And we – not theirs, not ours, nameless, nobody's –
we huddled in our own shadows,
we looked at our leaders, and they were silent.
The women swallowed their tears,
we swallowed our hardship,
we were quiet for we knew nothing better.

Само децата по дворовите
во правта ни цртаа некои нови сонца.

БИКОТ ШТО ЗАСЕДНАЛ

Не зборувај ми за разумен компромис.
Јас одамна ги закопав секирите,
ги измив сите воени бои од лицето,
и испушив си што ми ставија в рака.
Ми ги истребија вошките,
ми ги поправија забите,
и ми ги покрија голите бутови со
нивните еднобојни ќебиња.
Ја научија жена ми да става крпи
меѓу нозете, па кога ја снема
мисковината на топлата внатрешна крв,
и од мене истече желбата по неа.
Со денови седев сам во ќошот од вигвамот,
се обидував да не мислам на татко ми,
откако му ги собраа коските
што се сушеа по дрвјата и ги закопаа в земја.
Не зборувај ми за разумен компромис.
Јас од нив зедов си што можев –
огнената вода што ми ги изгоре градиве,
јазикот што сега ми го зборуваат децата,
оградава со која ме одделија од преријата.
И веќе никому не можам ништо да му дадам.

ДЕТЕ МОЕ, ПРОСТИ МИ ШТО НЕ СТОРИВ НИШТО

Дете мое, прости ми што не сторив ништо.
Имав толку многу да направам,
но ме превјасаа просечните синови на големи татковци,
познатите презимиња со шупливи очи,
протежираните асистени на
нечистата академска совест.
Имав толку многу да отпеам,
но ме онемеа метајазично завитканите
метафори на поранешните идеолози,
оние неуморно наградуваните во име

Only our children drew rising suns
in the dust of our yards.

THE BULL WHO SAT FOR TOO LONG

Don't speak to me about a reasonable compromise.
I buried my hatchet long ago,
I washed the war paint from my face,
and smoked everything they put in my hands.
They picked out my lice,
they fixed my teeth,
they covered my bare thighs with
their one-colour blankets.
They taught my wife to put rags
between her legs, and when the
scent of her warm menstrual blood was gone,
my desire for her ran out.
I sat alone in the corner of my wigwam for days,
trying not to think of my father
after they'd collected his drying bones
from the trees and buried them in the ground.
Don't speak to me about a reasonable compromise.
I took everything that I could from them –
the fiery water that burned my chest,
the language my children now speak,
the fence they put between me and the prairie.
And I can no longer give anything to anybody.

MY CHILD, FORGIVE ME, FOR I HAVE DONE NOTHING

My child, forgive me, for I have done nothing.
I had so much to do,
but I was overtaken by mediocre sons of great fathers,
familiar names with empty eyes,
favoured teaching assistants of
a cloudy academic conscience.
I had so much to write,
but was gagged by the meta-linguistically wrapped
metaphors of former ideologists,
those carelessly given awards in the names

на тие кои еднаш ги плукале.
Ноктите ми се искршија од гребење
на овој корав столетен прав
тврдоглаво залепен врз мојата вистина.
Устата ми се исуши од објаснување
на овој крст што го носам
модро втиснат меѓу веѓите.
И пак, најмногу тебе ти згрешив.
Еден ден, тебе ќе ти ги оставам
сите јадови на оваа македонска демагошка пролет.

ПЕРСИСКА НЕВЕСТА

Ми зборуваш на јазик што не го разбирам.
Твоите очи, сини какви што кај нас нема,
ме повикаа токму мене од мноштвото
бледи женски лица, таму во Суза.
Триесет и три лузни ти изброив
на телото вечерта кога
ме стори твоја невеста.
А јас бев ветена на друг.
Неговите гради ги прободе
истата рака со која нежно ме милуваше,
неговото мртво тело го исплукаа
истите усни што ме бакнуваа.
И што ако си подобар љубовник од него,
и што ако во мене остави
доволно семе за нова војска.
Ми зборуваш на јазик што не го разбирам.
Те проколнав уште истото утро,
со најтешките клетви што ги знаев:
да ја голтнат земјата твоја како мојата,
да ти ветат моќ, а да те стават вазал,
да ти зборуваат за мир, а да ти носат војна,
да те сотрат, а да немаш каде да се пожалиш,
да те презрат и да ништат си што е твое,
да те нема, како што сега ме нема и мене,
Македонецу.

of the ones they used to spit at.
My fingernails cracked with scratching
the persistent, ancient dust
stubbornly sticking to my truth.
My mouth became dry with explaining
this dark blue cross I carry
tattooed between my eyebrows.
And yet, I wronged you the most.
One day, it will be you that I leave
with all the sorrows of this demagogic Macedonian spring.

THE PERSIAN BRIDE

You speak to me in a language I don't understand.
Your eyes, a blue we don't have,
called me out of the many
pale women's faces there in Susa.
Thirty-three scars I counted
on your body the night
you made me your bride.
But I was promised to another.
His chest was pierced
by the same hand that gently caressed me,
his dead body was spat on
by the same lips that kissed me.
So what if you are a better lover than him,
so what if you've left inside me
enough semen for a new army?
You speak to me in a language I don't understand.
I cursed you the same morning,
with the heaviest curses that I knew:
may they devour your country as they did mine,
may they promise you power, and make you a slave,
may they speak of peace, and bring nothing but war,
may they annihilate you, may you have no place to complain,
may they despise you and destroy everything that's yours,
may you be gone, as I am gone now,
oh man of Macedonia.

ПОПЛАКА НА ГЕНЕРАЛИТЕ

Ги донесов до почетокот на светот.
Пред нас стоеја модри планински врвови,
еден зад друг, сите нови предели
што, ми се чинеше, жедно ни очекуваа.
Оттука пак започнува си, им реков,
а тие молчеа.
Малодушни, со наведнати глави,
како што ги научил
вековниот презир на Атињаните.
Тогаш за првпат разбрав
дека тие не сакаат да го освојат светот.
Сакаа само да си ги поделат
меѓу себе сопствените дворови,
да се здебелат, да остарат,
да чуваат овци, да пишуваат трактати,
да имаат слуги, да плакаат љубовници,
да ја рушат старата и пак да градат нова Пела,
да се жалат на кралот, да ја мразат кралицата,
да бидат свои на своето, а своето да го продадат,
да заборават како се викаат,
да умрат во мир, од познати заразни болести.
Тогаш спознав дека во нивните очи умираше
и мојот сон, оти него само јас го сонував.
И кога најстариот меѓу нив,
оној кој секогаш ми доаѓаше само од едната страна,
небаре и јас имав слепо око како татко ми,
ми рече – болен си господару,
разбрав – вистина бев болен,
смртно болен од копнеж барем некој да ме сфати,
барем некој да ме следи.

COMPLAINT OF THE GENERALS

I brought them to the beginning of the world.
Blue mountain tops stood before us,
one behind the other, all new areas
that I felt were eagerly expecting us.
This is where everything begins, I told them,
and they grew quiet.
Disheartened, they lowered their heads,
tamed by the ancient spite of the Athenians.
It was then that I first realized
they did not want to conquer the world.
They only wanted to divide
their own land among themselves,
to become fat, grow old,
keep sheep, write treatises,
have servants, pay lovers,
demolish the old Pella and build a new one,
complain about the king, hate the queen,
be themselves on their own land, and sell it at same time,
forget their names,
die in peace, of the usual contagious diseases.
Then I realized that my dream too
was dying in their eyes, for I dreamt it.
So when the oldest among them,
he who always approached me from one side
as if I too were blind in one eye like my father,
told me – you are sick, my lord –
I realized I was sick indeed,
deadly sick with a yearning for someone to understand me,
for someone to follow me.

ТАЖЕНКАТА НА РОКСАНА

Кога те видов,
ослепев за сите други мажи.
Зад себе оставив си што знаев,
ја запретав онаа што сум била
во правта пред прагот на татко ми,
и тргнав газејќи само по твоите стапки.
Ги замолчев боговите на кои им се молев,
ја исеков косата што секое утро ми ја плетеа,
си ја истрив кожата од боите со кои ме мачкаа,
заборавив која сум, од каде сум и чија сум,
и се стегнав во она парченце од твоето срце
во кое ти си уште носеше љубов.
Престанав да постојам заради некоја друга причина
освен да ти ги мијам нозете по походите,
да ти ги лижам раните по битките,
да ти го ладам челото од трески те,
да ти ја топлам постелата од студовите.
А ти, рамнодушно страсен кон си,
па и кон мене, затрчан кон смртта
како жеден пес кон отровна бара,
бесрамно омамен од славата,
ме поведе со себе без двоумење,
ми рече нема друга и нема да има освен мене.
Колку малку значат и твоите зборови и твоите дела,
сега, кога стојам пред оваа празна школка
што еднаш беше твоето тело,
чекајќи оние што ќе ти ги распарчат сонот,
да дојдат и да ме распарчат и мене.

ROXANNE'S LAMENT

When I saw you,
I became blind to all other men.
I left behind everything that I knew,
I buried the girl that I used to be
in the dust on my father's threshold,
and started to walk in your steps only.
I silenced the gods I used to pray to,
I cut my hair which they braided every morning,
I scrubbed off the colours they used to put on my skin,
I forgot who I was, where I came from and to whom I belonged,
and I squeezed into the small part of your heart
where you still carried love.
I ceased to exist for any other reason
than to wash your feet after your conquests,
lick your wounds after battles,
cool your forehead from fevers,
warm your bed from cold.
And you, indifferent to everything,
to me as well, rushing to death
like a thirsty dog to a poisonous pond,
shamelessly attracted to glory,
you took me along without thinking,
you told me there was no other, and that there would be none but me.
How little do your words and deeds mean now
as I stand before the empty shell
that used to be your body,
waiting for those who will tear your dream apart
to come and tear me apart as well.

Translated by the author

LIDIJA DIMKOVSKA

PHOTO: G.GROSS

LIDIJA DIMKOVSKA was born in 1971 in Skopje and obtained a doctoral degree in Romanian literature in Bucharest where she lectured in Macedonian language and literature. Her prizewinning debut collection, *Progenies of the East* (together with Boris Cavkoski) was published in 1992, and she has since written four more books of poetry (*Fire of Letters*, *Bitten Nails*, *Nobel vs. Nobel* and *pH Neutral for Life and Death*) and has edited an anthology of young Macedonian poets.

In 2006 Ugly Duckling Press, New York, published a selection of her poetry translated into English. Her poems have been translated and published in more than twenty languages all around the world. In 2004 she published her prizewinning novel *Hidden Camera* which has already been translated in Slovenian and Slovakian with translations into Polish and Bulgarian forthcoming.

She has participated at numerous international literary festivals and residencies. In 2009 she received the German prize "Hubert Burda" for younger Eastern European poets. She lives and works in Ljubljana, Slovenia.

ЧЕСНА ДЕВОЈКА

Го однесов во „Second hand" погледот во иднината,
но никој не сака да го купи. Мрежата е бодликава,
а херои повеќе нема. Тагата е чисто физичка болка.
Ако нема вода, пушти ја очната течност
закачена за очилата. Ако не носиш очила,
преправај се дека си Кинеска (едно око кон исток
плус едно кон запад е еднакво на женско писмо
во машко општество). Модата на ориенталците
се враќа во пакет со диететска храна.
Благослови ме и мене додека сум си уште
чесна девојка. Утре-задутре ќе ја изгубам грешноста,
ќе носам везени кошули од Етнографскиот музеј
на Македонија, а некој треба да ги плати.
За да преживееме, најдобро е лекторскиот стан
да го претвориме во галерија. Ќе изложуваме
раширени вени, исушени папоци, очни мрежи
и скршени срца правопропорционални
со јужно-американските серии
(кажи зошто ме остави и со сестра ми ти се ожени),
а тагата е чисто физичка болка
и во мојата земја се лекува со хируршка интервенција.
Овде ја препознавам по болката во показалецот
пресуден во ширењето на мобилната телефонија.
Не знам зошто тетин ми не ме тепал во вреќа,
во овие години најдобро е некој друг
да ти ја пресече папочната врвца, а јас
не се плашам од Вирџинија Вулф,
јас се плашам од Лидија Димковска. Си чул за неа?
Една недокрстена, а сите пријатели и се замонашија,
една нетелесна, а сите љубени и останаа неженети.
Една твоја, речиси до исцрпување не-жена,
(можеби спонзорирана од Сорос за да биде нежна?).
речиси до негирање идеја на Медеја, на Јудеја, на неа.
Не, јас не се плашам од бројките 1, 4,7
во кабинетот за очни болести, ниту од хипотеката
на верските празници, ставот кон Бога што постои ме плаши
на Богот што не постои, а во стравот очите се големи.
Леле колку зборови! Речниците се исплатлива работа,
си седиш дома и си играш: На буква, на буква…!
Отсега ќе зборувам само во ономатопеи,
или подобро, во метаономатопеи. Како и да е,

DECENT GIRL

I took my perspective of the future to a thrift store
but nobody would buy it. The net is prickly
and there are no more heroes. Sorrow is purely physical pain.
If there's no water, let the eye-fluid hanging on the glasses drop.
If you wear no glasses, pretend you are Chinese
(one eye looking eastward and one looking westward
equals *écriture féminine* in a male society).
The fashion of the Orientals
comes back in a package of diet food.
And bless me while I'm still a decent girl.
Tomorrow or the next day I'll lose my sinful ways,
I'll wear embroidered blouses from the Ethnographic Museum
of Macedonia, and someone will have to pay for them.
To survive, we'd better turn the lector's apartment
into a gallery. We shall exhibit
varicose veins, dried umbilici, retinas
and broken hearts in direct proportion
to South American soap operas
(tell me why you left me and married my sister),
and sorrow is purely physical pain
cured in my country by surgical operation.
Here I recognize it by the pain in my index finger,
crucial in the expansion of mobile phone networks.
I don't know why my uncle didn't beat me in a sack.
At this age it's best if somebody else
cuts your umbilical cord,
and I am not afraid of Virginia Woolf,
I fear Lidija Dimkovska. Have you heard of her?
A woman not wholly christened,
whose friends have all taken the vow,
the bodiless woman and all those she's loved remain unmarried.
That almost completely non-woman of yours
(likely sponsored by Soros to become tender?)
almost to the negation of the idea of Medea, of Judea, of her.
No, I'm not afraid of the numbers 1, 4, 7 in the eye clinic,
or of mortgages on religious holidays,
what I'm afraid of is the existing attitude of God,
the God who does not exist, and I'm afraid of his great eyes.
Alas, what a multitude of words! Dictionaries are a lucrative job.
You sit at home and play: something beginning with…!
From now on I shall speak in onomatopoeia,
or better, in meta-onomatopoeia.

мило ми е што се запознавме, оче. Да не бев жена,
ќе можевте да ми се исповедате. Но, и вака е добро.
Си пиеме чај, си ги грицкаме еден на друг ноктите
и се оближуваме. Џив-џив! Метаџив-метаџив!

АЛОЕ ВЕРА

Му го намачкавме лицето на мртовецот
со хидрантна маска за сува кожа
и внуката од брат му клекна пред сандакот
молејќи се вака: Ајде, Алое Вера,
зарумени му ги образите на стрико, а ти
бадемово масло, скокотни го околу усните,
знам дека тоа ќе го разбуди и од најдлабокиот сон,
една сосетка дофрли дека Алое Вера прави чуда
и зарем тоа не се гледа по нејзината кожа
како на бебе, рече, а веќе е во петтата деценија.
Сите се свртевме кон неа и заборавивме
дека маската на жив човек се држи седум минути,
а на мртовец – три, молитвата на внука му заврши,
маската се скрши, го закопавме такси возачот
без лице, но освежен одвнатре. На враќање,
една жена во пелерина се испречи пред нас
со послужавник полн црвени јаболка.
Колку јаболка – толку вистини, рече, повелете, послужете се,
зарем не е така, младоженци, дека опстојувањето на светот
зависи единствено од првовљубените на еден кеј
полн нерециклирана романтика? Мора да е луда,
помисли тој, а невестата почна да вика на сет глас:
„Гледаш? А ти стопати ми ја пушташ раката!"
и се развенча од фризурата заради која
цел живот го помина под хауба, па погребот од кој се враќаа
и мирисаше на озонската дупка. Мртовецот си ја пикна раката в џеб
и никогаш повеќе не ја извади во светот на Ајнштајн.
Беше тоа погреб или венчавка, Алое Вера?
Кој кого венча? Кој кого закопа?

Be that as it may, it was nice meeting you, Father.
Were I not a woman you could've taken my confession.
But I don't mind this either.
We're having tea, biting each other's nails
and licking our lips. Chirp chirp! Metachirp metachirp!

ALOE VERA

We spread a moisturizing mask for dry skin
on the dead man's face
and his niece knelt in front of the coffin
praying thus: come on, Aloe Vera,
make my uncle's cheeks rosy,
and you, Almond Oil, tickle him round the lips.
I know that will wake him from even the deepest dream.
A neighbour threw in that Aloe Vera performs miracles,
and isn't it obvious from the look of her skin,
just like a baby's, she said, and she's already pushing fifty.
We all turned to her and forgot
that the mask should be left on for so many minutes on a live person's face,
and on a dead person's – only three. His niece's prayer ended,
the mask cracked, we buried the taxi driver
without his face, but refreshed from the inside. On the way back,
a cloaked woman appeared before us
with a tray full of red apples.
There are as many truths as there are apples, she said,
here, help yourselves.
Isn't it true, newly-weds, that survival in this world
depends solely on those in love for the first time on an embankment
brimming with unrecycled romance? She must be mad,
he thought, and the bride started yelling at the top of her lungs:
"You see? And you have let go of my hand a thousand times!"
and she unmarried the hairdo she had spent her whole life under
the hairdryer to get so that, to her,
the funeral they were returning from smelled of an ozone hole. The dead man
put his hand in his pocket and never took it out again in Einstein's world.
Was it a funeral or a wedding, Aloe Vera?
Who married whom? Who buried whom?

ПОЕМАТА НА ПОЧЕТОКОТ

Се исплаши Бродски, се исплаши да не го погоди
некоја бомба, лубеница или урочливо око на струшка мома,
а тогаш си уште намавме електронска пошта
за да ме праша уште во Предмет: има ли војна во Македонија?
и не дојде. А тие четири дена, велат,
го варосувале Универзитетот во Мичиген,
дома пак жената што чисти, Босанката Севда
истурила варакина во дневната и засмрдело сѐ.
Ги отворил Бродски прозорците и излегол во ноќта,
а немал каде да оди си дури не се проветри станот, се дури
не му го варосаат Кабинетот за литература. Четири дена
лутал Бродски низ Мичиген, одел од црква в црква
(а кога бил тажен, велат, влегувал само во православна)
и наеднаш налетал на македонското црквиче што дедо Илија
го подигнал за спомен на мајка си Петкана од Струга,
токму тогаш се служела Вечерна, а двајца чтеци пееле
на македонски: Богородице Дево, радуј се благодатна Марие.
Слушал Бродски а дланките му се потеле од панталоните,
на секое прекрстување се засркнувал
како да пливал во водите од Книга Битие,
Мајка Божја видела како му се расплакала беби-јаката на кошулата,
потем една баба му пришла со варена пченица
и му рекла: Земи синко, задуша на свекрва ми Петкана од Струга,
Бог да ја прости, ми ги изгледа децата.
Бродски тогаш бркнал во задниот џеб и го извадил писмото
за Златниот венец на поезијата, '91. Но бабата
само го нудела: Касни си, касни си синко од пченицава,
многу си блед, немој некоја болест да фатиш, та за венци,
– чувај боже, рано ти е! Првин на нас старите ни е редот!
Јадел Бродски и плачел, сркал и се засркнувал
а во понеделникот, кога го отвориле Универзитетот
на студентите по литература ваква тема за есеј им дал:
„Колку отсто човек живее кога живее,
а колку отсто умира кога умира?“
И цели два часа ја читал и препрочитувал
„Поемата на крајот“ од Марина Цветаева.

THE POEM AT THE BEGINNING

Brodsky got scared, he got scared he might be hit
by a bomb, a watermelon or the evil eye of a Struga maiden,
and back then we still didn't have e-mail
for him to ask me in the subject line: is there a war going on in Macedonia?
so he didn't come. And those four days, they say,
the University of Michigan was being painted,
and at home the cleaning lady, Sevda from Bosnia,
had spilled some bleach in the living room and a terrible stench
spread all over the place.
Brodsky opened the windows and went out into the night
and had nowhere to go until the apartment was aired,
until the Department of Literature was painted.
For four days Brodsky wandered through Michigan, he went from church
          to church
(and when sad, they say, entered only the Orthodox)
and suddenly he came across the small Macedonian church
built by old man Ilija in memory of his mother, Petkana of Struga,
just when it was Vespers, and two singers chanted in Macedonian:
"Mother of God, rejoice, birth-giving Maria."
Brodsky listened and his hands got sweaty on his trousers
and every time they made the cross he choked
as if swimming in the waters of Genesis.
The Mother of God saw the collar on his shirt start weeping,
then an old woman approached him with boiled wheat and told him:
"Take some, son, this is in memory of my mother-in-law, Petkana of Struga,
God bless her soul, she brought up my children."
Brodsky then searched his back pocket and took out the letter
about the Golden Wreath for Poetry '91. But the old woman
just kept on offering: "Have some, son, have some of this wheat,
you're pale, take care you don't get sick, and as for wreaths –
God forbid, it's too early for you!"
We, the old, must have our turn first!
Brodsky ate and cried, gulped and choked,
and on Monday, when the University opened again,
gave his literature students the following topic for an essay:
"What percentage of a man lives when he's alive
and what percentage dies when he dies?"
And for two hours he read and re-read
Marina Tsvetaeva's 'Poem of the End'.

ГРИЦКАЛКА ЗА НОКТИ

Откако по грешка сум ја зела со себе во странство
грицкалката за нокти на домашните,
ноктите им растат без контрола и нерамномерно,
незауздано им се издолжуваат прстите
и пробиваат низ чевлите и низ ракувањата со непознатите,
а соседите од ужас не ги ни прислушкуваат повеќе.
Им се јавувам од далеку и среде две викотници
сакам да ги одоброволам пеејќи им омилени новокомпонирани песни,
прошка им барам со големи мисли од малите народи,
та што се долги нокти во споредба со мојата жед по вистина,
не гледате ли дека веќе станувате бесмртни
а тоа толку тешко ви паѓа?
Грицкалката за нокти подотворена зјапа во мене од ноќната масичка,
ни таа не е задоволна со промената на средината,
ова е лудило, врескам, ќе ви ја пратам по пошта,
но тогаш сите крикнуваат, и од оваа и од онаа страна на линијата:
„Никако! Грицкалките за нокти ги запленуваат на царина!"
И самата кога преминував граница ја бев скрила во десната патика.
Домашните се заканија дека ќе си ги потсечат ноктите со
            кујнските ножици,
па што биде нека биде, ги носам на совест како гипс околу врат,
цела ноќ ги сонувам со крвави прсти и во несвест,
утредента се разбудив со хемороиди
и духот ми го затна безизлез.
Клаустрофобијата е посилна помеѓу запците на една грицкалка за нокти
одошто меѓу луѓето што го заборавиле Бога.
Шарениот паун врз ножето
промрморе со човечки глас:
„Животот е избор на нокти, коса и кожа,
негата, пак, избор на божјост. Цел живот ги грицкаш ноктите,
ама за инает ме донесе овде. Да ме вратиш како знаеш,
ти безбожна безноктарке, или домашните да ги викнеш овде,
да си ги потсечат човечки ноктите". И дојдоа,
а мене не ме ни погледнаа, туку удобно се наместија врз постелата
и си ги сечеа, си ги обликуваа ноктите со грицкалката,
ги фрлаа на подот и задоволно му се смешкаа на паунот:
„Уште малку, и ќе си одиме дома".

NAIL CLIPPERS

Since I took their nail clippers abroad with me by mistake,
my family's nails have been growing unevenly, out of control,
their toes and fingers are lengthening rampantly
and breaking out through their shoes and handshakes with strangers,
and the horrified neighbours no longer try to eavesdrop.
I phone them from far away wishing, between two bouts of shouting,
to mollify them, singing them popular, newly-written folk songs,
begging their forgiveness with the great thoughts of small nations.
So what are long nails compared with my thirst for the truth,
don't you see you're becoming immortal already?
But you take it so hard.
The nail clippers gape at me from the bedside table,
just as unhappy with the change of environment.
This is madness, I scream, I'll mail them to you,
but then they shriek from their end of the line:
"No way! Customs will confiscate nail clippers!"
When crossing the border, I hid them in my right sneaker.
My family threatened to cut their nails with the kitchen scissors.
No matter what, they weigh on my conscience like a plaster collar.
All night I dream of them with bleeding fingers, fainting.
The next morning I woke up with haemorrhoids.
Desperation stifled my spirit.
Claustrophobia is more powerful between a nail clipper's blades
than among people who have forgotten God.
The rainbow-coloured peacock on the clippers
murmured in a human voice:
"Life is the choice of nails, hair and skin,
but manicuring, that's the choice of divinity.
You've been biting your nails all your life,
but brought me here just to spite me. Get me back.
I don't care how, you godless no-nail, or get your family here
to trim their nails like human beings." And come they did,
and never even looked at me, but settled cosily on the bed
and trimmed and manicured their nails with the clippers,
throwing the parings on the floor and smiling contentedly at the peacock:
"A little while, and we'll be going home."

ПОМНЕЊЕ

Помнењето ми е војничка конзерва паштета
со неограничен рок на траење. Се враќам на места
кај што сум стапнала со само еден јазик во устата
и на домородците им матам жолчки за добар глас,
во снегот од белки Исус лежи распнат како да се шегува,
за француски бакнеж се потребни два јазика,
сега кога имам неколку, не сум повеќе жена туку ламја.
Ни јас како Свети Ѓорѓи никогаш не научив
да пружам вештачко дишење, носот ми е затнат со години,
и сама дишам низ туѓи ноздри, светот плаќа.
Аха, не ти е чиста работата, не ти е чиста работата!
викаат зад мене паднатите ангелчиња
што собираат стара хартија и пластика,
најмногу ги сакам кога во ходникот ги изнесуваат
своите креветчиња да се проветрат од ДНК,
тогаш на нив се спружуваме со А. секој од едната страна
и во точно замислена љубовна прегратка
ни се поткршуваат сите порцелански заби,
непцата ни се претвораат во ококорени очи,
пред нив јазиците во темнината си ставаат сопки,
'ржат, цимолат и јачат, а нам не ни е ни страв ни жал.
Помнењето ми е црна кутија од паднат воен авион
со неограничен рок на тајност. Се враќам на места
кај што сум стапнала со само една крв под кожата,
на домородците им ги прецртувам плодните денови
во календарчето за имендени и домашни слави,
домашните животни копнеат по диви, дивите по питоми.
Како еврејски пар во денови на пост и месечни циклуси,
така и јас и Бог со години спиеме во раздвоени кревети.

КЛУЧ

Кога клучот ти висеше околу вратот
главата ти беше стомаче на Буда
што го галеа роднини претприемачи
со непроменлива новогодишна желба
(пари = здравје, среќа и љубов),
тие имаа омилен сон, ти омилен кошмар,
Бах на радио, грав во чинијата и Бруно Шулц

MEMORY

My memory is a soldier's tin of bully beef
with no best-before date. I return to places
I trod with only one tongue in my mouth
and beat egg yolks for the natives to give them good voices.
In a snow of egg whites Jesus lies crucified as if in jest.
It takes two tongues for a French kiss,
now that I have several I'm no longer a woman but a dragon.
Like St. George, I never learned
to give mouth-to-mouth resuscitation, with my nose blocked for years
I can only breathe through others' nostrils, the EU's paying.
Aha! There's something fishy about you, something's fishy here,
the little fallen angels
collecting old paper and plastic cry after me.
I love them best when they take their cots
out into the corridor to air the DNA away,
then A. and I sprawl out on them, side by side,
and in a carefully worked-out act of love
all our porcelain teeth chip off,
our gums turn into wide-open eyes, before which
our tongues trip each other up in the darkness,
growling, whimpering and moaning, and we
feel neither fear nor sorrow.
My memory is the black box from a crashed war-plane
with no best-before date. I return to places I trod
with only one blood beneath my skin,
I mark fertile days for the natives on the calendars
with their name days and family feasts.
Tame animals crave for the wild, the wild for the tame.
Like a Jewish couple during fasts and monthly periods,
so God and I have been sleeping in separate beds for years.

KEY

When the key hung around your neck,
your head was Buddha's tummy,
rubbed by relatives and entrepreneurs
with an unchanging New Year's wish
(money = health, happiness and love).
They had their pet dream, you your pet nightmare,
Bach on the radio, beans in the bowl and Bruno Schulz

во став мирно во туш-кабината.
Среќниот човек се полни надвор, а се празни дома
(џебови, желудник, ум, сперма),
само празнината се остава врз анатомска перница
што ти ја помни главата
и кога клучот одамна ја изгубил врвката.
А сега, кога и несреќата е полнење
стомачето на Буда треба да се истрие од навлаката на перницата
или да се смени со некое пово божество,
менувањето на постелнината ја менува и среќата
како батерија во полнач што престанал да трепка.
За си ти е потребен клуч освен за совеста
хортикултурно уредена со англиска трева, џуџе и сензорска ограда,
дом во којшто едниот, единствен бог е патронажна сестра
што доаѓа во посета три дена по раѓањето и три дена пред умирањето.
Во црното куферче со клуче со два запца
еднаш носи вага за животот, другпат вага за смртта.

РАЗЛИКА

Исусолози, Алахолози,
Цариград нема современици.
Овде си е професионално,
тоалетната хартија, машината за перење,
лифтот, микрофонот, телесната маса.
Отаде совршенството умот е ограбен сеф
што крие само уште тага.
Живеам крај храм нафрлан со клима-уреди
како задоцнети сипаници кај старци.
На домофонот цел ден некој ме прашува
дали во зградата има свирач на хармоника.
Можеби знае чуварот на знамињата –
едното црно, разресено од домашните миленичиња
што се вее од балконите на самоубијците,
другото национално, избледено од перење
што се вее од прозорците на убијците.
Помеѓу раѓањето и смртта животот нема гаранција,
единствениот сервис за поправки е си уште во нас самите.
Понекогаш горешто посакувам да сум воен инвалид,
да лежам врз бришалка за плажа со мотив на гола жена
пристигната од Шведска со Црвен крст.
Но, залудно, на ваков ден му е потребно целото мое тело,

standing to attention in the shower cabinet.
A happy man gets his batteries charged outside, and drained at home
(pockets, stomach, brain and sperm),
and only the emptiness is left on the anatomical pillow
that remembers your head,
even when the key has long since lost its string.
And now, when unhappiness is also a charging,
Buddha's tummy needs to be rubbed against the pillowcase
or be replaced by some newer deity.
Changing the bed-linen changes fortunes too,
like a battery-charger that no longer blinks.
You need a key for everything but your conscience
laid out horticulturally with an English lawn, a garden gnome and an electric fence,
a home where the only god is the community nurse
who comes to visit three days after the birth and three days before death.
In her black bag locked with a two-pronged key
she carries by turns scales to weigh life, but later to weigh death.

DIFFERENCE

Jesus-ologists, Allah-ologists,
Constantinople has no contemporaries.
Everything here is professional:
toilet paper, washing machine,
the lift, the mike, the body mass.
Behind the perfection, the mind is a safe broken open
that hides nothing now but grief.
I live near a temple blotched with air-conditioners
like belated measles in grown-ups.
Someone asks me all day over the intercom
if there's an accordionist in the building.
The keeper of the flags might know –
one a black flag, tattered by domestic pets,
fluttering from suicides' balconies,
the other the national flag, faded with all the washing,
fluttering from murderers' windows.
Between birth and death life has no guarantee,
the only service station being that still within ourselves.
Sometimes I burn with the desire to be a war invalid
newly arrived from Sweden with the Red Cross,
lying in hospital on a beach towel printed with a naked woman.
But to no avail, for a day like this has need of my entire body,

а на ноќта само торзото. Независно со која рака се крстам,
четирите страни на светот
го промашуваат срцето.
Ќе го заштитам со апликација врз маицата,
со глава од Че Гевара или со веронаука:
Таоизам: *shit happens.*
Будизам: *it is only an illusion of shit happening.*
Ислам: *if shit happens, it is the will of Allah.*
Јеховини сведоци: *knock, knock: shit happens.*
Христијанство: *love your shit as yourself.*
Само една песна знам да свирам на хармоника,
но и таа е римејк на историјата.
Брисот од мојот болен зајак го пратив во Виена,
а од болниот светител – во Рим.
Како и Ингебор Бахман, секој резервен дел
се враќа дома во туѓо возило.
Постоење издолжено во мртовечка кола
кому живите отаде стаклото
му симнуваат капа
и му мавтаат како кога се родил: *Па-па.*
Кога саканиот се врати од Цариград со жолтите дуњи,
Фатма од оној свет кисело му се насмевна.
Разликата помеѓу човека и Бога, мил мој, е само една:
Човек првин наоѓа, па губи.
Бог првин губи, па наоѓа.

SИДОВИТЕ

Sидовите ги болат гоблените на мајка ми
Девојчето со шапче, Гусарката, Жан Валканиот
а уште повеќе фотографиите закачени крај нив,
од свадбата на сестра ми, од приемот кај претседателот.
Денес ја обесиле и мојата диплома на клин
а ќе се најде место и за некој орден на трудот.
Утре православниот календар да го залепиме треба
покрај другиот кој божем смета време друго.
Кој како дојде си закачува по некој знак на нив
си лепи сликички и пластични закачалки,
и си ги обесува околу sидниот саат своите сенки
на штотуку заковани шајки.
Морав потоа со својот живот
да ги потпирам sидовите се до мугри

and the night my chest alone. No matter which hand I cross myself with,
the four sides of the world
miss my heart.
I'll protect it with a print of Che Guevara's head
on my t-shirt, or religious messages:
Taoism: *shit happens.*
Buddhism: *it's only an illusion of shit happening.*
Islam: *if shit happens, it is the will of Allah.*
Jehovah's Witnesses: *knock, knock: shit happens.*
Christianity: *love your shit as yourself.*
There's only one tune I can play on the accordion,
and even that is a remake of history.
I've sent the swab from my sick rabbit to Vienna,
and that from the sick saint – to Rome.
Just like Ingeborg Bachmann, each spare part
comes home in someone else's vehicle.
Existence lies supine in a hearse
that the living on the other side of the glass
take off their hats to
and wave to as when he was born: *bye-bye.*
When the beloved returned from Constantinople bearing yellow quinces,
Fatma smiled at him sourly from the other world.
The difference between man and God, my darling, is just one:
man first finds, then loses.
God first loses, then finds.

THE WALLS

The walls hurt from my mother's Gobelin tapestries.
The Girl with a Small Hat, The Pirate Woman, Dirty Jean,
and even more from the photographs hung beside them,
of my sister's wedding, of the reception at the President's.
Today they have hung my diploma on a nail
and space will be made for some Medals of Labour, too.
Tomorrow we should stick up the Orthodox calendar
next to the one which allegedly measures a different time.
Whoever comes leaves traces of themselves,
sticks up small pictures and plastic hooks,
and they hang their shadows around the wall clock
on newly hammered nails.
I had to support the walls with my life till dawn
when the masons came to rebuild them again.

кога дојдоа мајсторите да ги бетонираат пак
ѕидовите заспаа, јас веќе умрев.
Не будете ги со чекани, не будете ги аман,
оставете ги голи, а мене со нив сама, а мене со нив сама.

ПОЕТИКА НА ЖИВОТОТ

Не зборувам повеќе на човечки јазици. Слободна сум
како факс-порака. Читлива – нечитлива, ќе стигне
кај што треба. Ќе пристигнам навреме
да си ги заријам колената во биндијата на печката
и ќе замириса Кришна на пица „Четири годишни времиња".
Колку долго може да издржи лилјакот во мене
да не се покаже пред гостите, сега, кога гледа и дење
(после операцијата на очната клиника Фјодоров во Москва),
а вујна ми да не ги измеша ротквичките со месото
пржено на човечка маст? Тоа е мојата омилена диета.
Савле ми рече: Нема да завршиш во рерна, но ни во каталогот на НУБ.
Мора да се заработува за да се живее!
Да? Колку работи, Боже, човек нема време дури ни да се самоубие.
Бележникот е преполн со закажани настани, си е под контрола,
само контролорите никаде ги нема: цел ден се врворат
во супермаркетот кај што редам шишиња со осветена вода.
Ја купуваат на големо и ја препродаваат за метафизичка слобода.
Моето време си уште го нема. Стојам на патот и го чекам зиме-лете.
Го нема и го нема. Ни абер да прати, ни дома да се врати.
Печалбарите и кога не се враќаа, барем испраќаа ќесе со пари.
Погледнете ги овие проширени вени! А кожата портокалова кора
што нема да ја израмни ни најскапиот гел за целулит?
Вака ли се плаќа прогонството наречено поезија? Подочници
без очи, госпоѓица Погани во прегратката на Волт Дизни,
Париз што не е Париз кога не мислам на него. Утре цел ден
ќе клечам пред Речникот на религиите и ќе се молам
да му умре жената на свештеникот што ќе ме венча.
Ако веќе треба да доживеам длабока старост, барем да се прежени
со мене тој Павле што им ги замрси конците не само на Коринтјаните
туку и на вонземјаните. Како не, ќе дојде и моето време!
Високи државници го изјавија тоа. Ги извадив очилата
за да бидам сама. Кога ќе ме разберат колку ќе се смеат!
Колку ќе им бидам мила! Како добивка на лото, како признавање на името,

The walls fell asleep, but I had already died.
Do not wake them with hammers, pray do not wake them,
leave them bare, and me alone with them, and me alone with them.

THE POETICS OF LIFE

I no longer speak in human languages.
I'm free as a fax message. Legible – illegible,
it will get to where it should. I'll arrive in time
to plunge my knees into the caste-mark of the stove
and Krishna will start smelling of a 'Quattro stagione' pizza.
How long can the bat in me keep
from appearing in front of the guests now it can see in the daytime
(after the operation at the Fyodorov Eye Clinic in Moscow),
without having my aunt mix the radishes with meat
fried in human fat? That's my favourite diet.
Saul told me: you won't end up in an oven, but you won't end up
in the catalogue of the National Library either.
One must earn in order to live!
Yes? So many tasks, God, there's no time even to kill oneself.
The diary is over-full with events. Everything's under control,
only the controllers are nowhere to be seen: all day long they just hang about
in the supermarket where I arrange the bottles of holy water.
They buy it wholesale and resell it for metaphysical freedom.
My time is still nowhere to be seen. Summer and winter
I stand by the road and wait for it. But still it doesn't come.
It neither sends word, nor does it return.
Migrant workers, even when they weren't coming back, would at least send
a pouch of money. Look at these varicose veins! And skin like orange peel
which even the most expensive cellulite gel won't smooth!
Is this how one pays for the exile called poetry? Circles under the eyes
without the eyes, Mademoiselle Pogany in the arms of Walt Disney,
Paris that is not Paris when I don't think of it. I'll spend all day tomorrow
kneeling in front of the Dictionary of Religions and praying
that the wife of the priest who will marry me will die.
If I am to live to see old age,
I might at least have Paul, who tangled up the threads not only
of the Corinthians but of the extra-terrestrials as well, re-marry me.
Surely, my time will come too!
High state officials have said that in their statements. I took off my glasses
so as to be alone. How heartily they will laugh once they understand me!
How dear I shall become to them! Like a lottery jackpot,

како свет без граници ќе им биде мојот крст! Само не знам, бебиња,
како да ви верувам дека само си играте, а нема да ми го гризнете
волшебниот прст?!

ЗРЕЛОСТ

Како можеше громот пред да удри во копривата
да го замагли засекогаш огледалото во бањата?
Толку доверба во термометарот зад вратата,
толку сомнеж во националната телевизија,
а кога бојлерот се распрсна на парченца
водоводцијата беше на народна прослава,
во едниот звучник кркореа цревата на водителката
во другиот огнометот предизвика jo-jo ефект,
кога се вратија дома бремените жени не ги собираше повеќе
ниту една туш-кабина. Поплавата е зрелост на сушата
како што е смртта зрелост на животот.
За да не потклекнам пред големата вода
ноќе си легнувам со штитници врз лактите и колената,
бојата на соништата зависи од размената на материи,
со бодликаво топче минувам по трагите на утрешниот ден.
Залудно ли свечено го положив забниот камен
за камен-темелник на музејската гардероба?
Во неа висат мантилчиња што ја пропуштаат Шекспировата бура.
Пред да станам А.-национална и jac елекот за спасување
го облекував преку глава, а сега преку кацига.
Телото ми е менувачница во Старата скопска чаршија,
пред неа без чадор стои мажиште со тетовирани мускули
што не ме пушта внатре да си побарам сметка
и со парите што ги менувам за починка без сништа
на духовните водачи им купува чевли од ѓаволска кожа.
Некои во нив богослужат, некои ги чуваат за на телевизија,
нозете на сите ни се мокри божем ни ги измила Марија Магдалена.
Во путирот и ова утро имаше само анемична плазма,
бебињата шмукаа прсти натопени со мирислива вода
за акумулатори и пегли, срцето на А. е те црема во слатко,
те вишна во ракија. Кога не зборувам со себе повеќе од три часа
светот станува коктел на нишалка од бамбус среде наплатна плажа
и по неколку голтки морето не се гледа, морето не се гледа.

like the recognition of the name of my country,
like a world without borders shall my cross be to them.
It's just that I don't know, babies, if I believe
that all you're doing is playing,
that you won't bite off my magic finger!

RIPENESS

How could the lightning forever mist up the bathroom mirror
before it struck the one it was not supposed to?
So much trust in the thermometer behind the door,
so much suspicion of the national TV,
and when the boiler blew up,
the plumber was at a public celebration,
the presenter's stomach rumbled through one of the loudspeakers
and the fireworks caused a yo-yo effect in the other,
and when the pregnant women got back home
they could no longer fit into any shower cabinet.
Flood is the ripeness of drought
as death is the ripeness of life.
At night I go to bed with floats on my knees and elbows
in case I'm swept away by the waters.
The colour of dreams depends on the exchange of matter,
I stroke the traces of tomorrow with a spiky ball.
Was it in vain that I ceremonially laid my dental plaque
as the foundation stone of the museum cloakroom?
Hanging in it are the little coats that let Shakespeare's tempest through.
Before becoming A.-national, I too used to pull my life vest on
over my head, but now I do it over my crash-helmet.
My body is an exchange office in the Old Skopje Bazaar,
in front of it a heavy man with tattooed muscles and no umbrella
who won't let me in to get a receipt,
and, with the money I exchange with him for a dreamless sleep,
buys the spiritual leader's shoes made of devil's skin.
Some hold Masses in them, others save them for on TV,
we all have wet feet as if Mary Magdalene had washed them for us.
This morning again the chalice held only anaemic plasma,
the babies sucked fingers dipped in distilled water
for batteries and irons, A.'s heart is now a cherry in jam,
now a morello in brandy. When I don't talk to myself for more than three hours,
the world becomes a cocktail on a bamboo rocker in the middle of a paying beach
and after a few sips the sea cannot be seen, the sea cannot be seen.

Translated by Ljubica Aršovska & Peggy Reid

BOGOMIL GJUZEL

PHOTO: AUTHOR'S ARCHIVE

BOGOMIL GJUZEL is a poet, prose writer, playwright, essayist and translator. Born in 1939 in Čačak, Serbia, Gjuzel graduated from the Department of English at the University of Skopje in 1963, and spent a year at the University of Edinburgh as a British Council scholar in 1964 / 65. He served two terms as a dramaturgist with Skopje's Dramski theatre (1966-1971 and 1985-1998), and took part in the 1972 / 73 International Writing Program in Iowa City, USA.

He has participted in several international poetry festivals, including Rotterdam, San Francisco, Herleen, Maast-richt and Valencia, Berlin, Lodeve and Sarajevo.

One of the ten founders of the Association of Independent Writers of Macedonia, Gjuzel has been editor-in-chief of its bi-monthly journal *Naše Pismo* since 1995. He was also acting director of the Struga Poetry Evenings International Festival from 1999-2003.

ТРОЈА

Се отворија портите на градот
и ветрот влезе како некој
што долго ја држел опсадата,
како празна изгубена душа на победник
што по победата не очекува ништо,
како безмислен безделнички провев
што се движи низ улиците
абејќи се од аглите – питачки здив
што бара топлина и корка лебец.
Калдрмата застенка
а палатите ги полазија морници.

Ветрот донесе луѓе што ги зафрлиле плуговите
да 'рѓосуваат или сами да го ораат небото
надевајќи се на жетвата на летното небе
и на крупните зрна од ранобудните ѕвезди
но оставајќи ги ѕвездите непросеани.
Место тоа луѓето го почнаа со мечовите
длабокото орање по човечките тела
со непогрешливата бразда до срцето
корнејќи го како жилава пенушка,
пукајќи ја жолчката како меур од риба
и со џигерот хранејќи стрвни птици
веќе одомаќени на нивните раменици –
тркалајќи ги черепите како неплодно камење
употребливи само за градба, но за тоа
како и секогаш никогаш достатно време.

Ги одвоија мајките од нивните деца
си додека не се исуши детскиот плач
си додека не секне мајчиното млеко.
Ги истргнаа уште трепетни жилите на крвотекот
и со нив почнаа да ги поливаат улиците
не надевајќи се на ништо поарно туку
скалилата на храмовите да ги претворат во кочини
со неизбежно познатиот мирис.
Ветрот ги одврза сите камбани и клепала
и со својата завиорена опашка
како метла помина низ градот
и удри во гонгот на сонцето.

TROY

The gates of the city burst open,
and in rushed the wind – like someone
just freed from a siege,
like the empty soul of a conqueror,
who afterwards expects nothing –
a senseless, idle gust,
sauntering along the streets,
wearied by their corners,
a beggar's breath,
looking for warmth and crusts of bread.
It was the cobblestones that moaned,
the palaces that shivered.

And the wind brought people
who had let their ploughs rust;
solitary people tilling the sky,
reaping the harvests of summer nights,
the fat grain of early stars,
leaving it all unwinnowed.
Instead they used swords;
their ploughing was of bodies, their furrow cut to the heart;
they plucked out hearts like tree stumps,
they burst gall bladders,
with livers they fed the vultures on their shoulders.
At the last they rolled away the skulls
like stones for building,
but for building there was never time.

Mothers were torn from their children;
both milk and crying dried up.
Streets were watered by broken pipes,
pulsing like ruptured arteries.
Sacrifices were hurried;
the hope was for nothing
but to turn the temples into pig-sties
and to provoke the usual stench.
The wind unravelled the bell ropes and the flags,
and, with its whirling tail,
it passed like a broom through the city
and struck the gong of the sun.

Translated by Milne Holton

ПРОЛЕТ ВО АПОКАЛИПСА

1.

Војната доаѓа со снег наместо крв
на сонцето свадбени значки
закитени
Потиснати под нас
ѕвездите колнат
Полето се распостила послушно
Свадба ли е или војна
Пролетна војна
Но никој не се бие
Предавство
Останувам јас само војник
да мреам
Полето преминува преку мене.

2.

Шибјето отстрана напаѓаат
никаде никој под ова сонце
кој знае каде е човекот
се разединил
животински смев од сто грла
мртви и живи
Земјата изделкана од триста черепи
не личи на себе
се здивила како жена без плод
засемена само со топлина
рожбата ќе биде сонце ако се роди

Луѓето се борат за тронот
сонцето што го има
Досега е сонцето
но ќе постават нов пес што 'ржи

Заминувам
ме следат јуродивци
опашести
Бикот од апокалипс
аќе пробие во куќите
и ќе ни понесе сите на роговите
прободени.

THE APOCALYPTIC SPRING

1.

The war came with snow instead of blood
It met the sun adorned
with all the nuptial plumage
Stars cursed
as we trampled them
the field spreads out obediently before us
Is this a wedding or a war?
A spring war
when none are fighting
a betrayal
Am I the only warrior to die?
The field goes over me

2.

From all sides, the shrubs attack
Who knows where anyone is
among them
A hundred throats laugh like animals
The earth shaped by three hundred skulls
is driven as wild as a barren woman
so seeded with warmth
she might conceive the sun
We fight for his throne
What if she conceives a hostile dog?
Along with my devils I shall abandon them
The apocalyptic bull
will break into our homes
and carry us on his blood-stained horns

3.

Заспиваме двоен сон
еден ние
друг нашите мошти
земјата што ги исфрлила
Нема место за трет
ни на сон
Јавата е протерана како блудница
Околу нас кружат сенките
како трапови.

4.

Пустините свират
тапаните изгазени
преминале војските или сватовите
останале гајдите одвај да дишат
Една по една
и пустиите гинат
Најлична ми останала тишината.

ВИДЕНИЕ

Ми рече главата на предокот што ја чувам во мусандра –
излези низ вратата на датумов
на провевот време

Излегов низ вратата на датумот
и низ многу други врати дати.
И видов –

Секира го урна небото што падна тапо
како згниен таван
и ѕвездите се разбегаа ко глувци

Луѓе-риби и луѓе-што-летаат
бегаа назад кон јајцето и пак се раѓаа
неколкуноги и многуокати

Жена една плетеше и од котелците
се множеа светови ко меури сапуница
кога ќе пукнат

3.

We had a double dream
One is us
the other our relics
thrown up by the earth
The objects we could feel
are expelled like whores
Our shadows encircle us
like open traps.

4.

The deserts whistle
the drums are trampled down
Wedding-guests or warriors have marched across
The bagpipes hardly breathe
One by one the whistlings die
The fairest one left
is silence

Translated by Arvind Krishna Mehrotra

VISION

The ancestor's head spoke from the closet –
open the door of this calendar
float on the year's draught

I opened the door
and passing through many numerals
saw –

An axe chopping
the rotten trunk of the sky
the stars scattering, a family of mice

Men-fish and men-birds
rushing back to the ovum, being reborn
multiple-eyed and multiple-legged

A woman knitting and out of the loops
worlds appearing like soap bubbles
They burst and

капката слуз паѓаше бескрајно
Едно гигантско огледало ја престори ноќта ден
па се огледував во милиони

Вселената беше Гуливерски опинок
а времето се растегаше како армоника –
Одеднаш опната пукна

се најдов сам во темнина
внатре во глувиот тапан –
осушена глава од предок.

ЕРЕТИК

Откако Бог ги растури ѕвездите ко зарови
небото си така страда од ужасна симетрија
што создава корабоскрушенн и светци
без да ги спаси трнливиот венец на заборавот.

Пеколниот казан врие, испарува и повраќа гад
и од манцата срка и бојар и поп и питач
но никој нема толкава лајца
да го изгребе од дното загорениот Спас.

Ние, браќа, го дупнавме дното
и со прецваканиот оган фрливме нова коцка
врз небесниот календар. Ѕвезденото ништо
ни ги вее платната од сите страни

како ветрецот што ја тера мувлата
од нашите прости откриени гробови.
Од нашето ништо ќе се роди ново соѕвездие
како во вашата вера што се роди црвот.

ОТУЃЕН ДОМА, ЗАДОМЕН ВО ТУЃИНА

Толку пати си реков –
треба да се довршат работите дома

drops of mucus fell endlessly
One huge mirror turned night into day
I was a million reflections

Space was Gulliver's moccasin
and time stretched like an accordion
Then the skin broke

I found myself alone in the dark
inside a silent drum –
the dried head of an ancestor.

Translated by Arvind Krishna Mehrotra

HERETIC

The stars scattered like dice
and the sky, troubled by a fearful pattern,
shipwrecks men and saints.
The thorny wreath of oblivion does not save them.

Hell's pot boils, spilling over filth.
Boyars, priests, beggars slurp up the thick soup.
No one's spoon is long enough
to scrape the greasy bottom of salvation.

Brothers, we have gone through to the end,
chewed fire, thrown a new ball
on the roulette wheel of the sky. From every direction
the void between stars blows our sails,

A breeze wafts away the mold
from our open and simple tombs.
A new constellation will appear in our nothingness
just as a worm was born in your faith.

Translated by Arvind Krishna Mehrotra

A STRANGER AT HOME, AT HOME ELSEWHERE

So many times I said to myself –
you should finish the work at home

треба да се запали си без остаток

Потем
како замелушена мува се врткав
околу осветлените градови на светот

Ноќе
кога отрпнуваат сите светилки и сетила
коренот (што вчера крцкаше сочен под забите)

ме вабеше
да му се вратам како изданок
глава набиена на колец

РУШЕЈКИ ГО SИДОТ

Има ли тулата смисла
при рушењето?
Има.
Како пречка, како отпор
да си ја задржи бившата смисла
во реченицата од редот други тули
во страницата од sидот

Чеканот како машината за пишување
ја дупчи хартијата – sид
и буквите испаѓаат од другата страна
сосема неразбирливи, испокршени
дури и кога е една единствена буква
првата буква од азбуката
апсолутот на А

Најбрзиот начин за рушење е
да се избијат тулите А
без кои не може ниеден sид
ниедна градба

со нив потем да се појде во пустина
да се изгради пирамида
што ќе зарика громко и остро А
од основата дур до врвот

you should burn everything to ashes

Then
like a cold fly I stumbled
around the city lights of the world

Tonight
when all the lights and senses are mute
The root (that yesterday I crunched between my teeth)

now lures me back
to become its own sprout –
a head impaled on a stake

Translated by Zoran Ančevski & James McKinley

BREAKING UP THE WALL

Does a brick make sense
when the wall is smashed?
It does.
As obstacle, as opposing force,
wanting to save what it meant before
in the line of the sentence made with
the other bricks on the page of the wall

Like a typewriter striking the page, the hammer
punches holes in the paper-wall
and the letters drop out on the other side,
utterly incomprehensible, broken up
even if only one letter falls out,
the first of the alphabet,
absolute A.

The quickest way to break up a wall is to
knock out all the bricks marked A,
no wall or building can survive like that
Carry them then to a desert and build

a pyramid there
which, from base to summit, will shout
a long sharp A
so that the very stars will hear

за да го чујат ѕвездите
да попаѓаат сите градби
да се избијат сите букви
да се изнамножат до бескрај
ниедна да не личи на друга

Само така ќе се преуреди говорот
само така ќе се пре-строи светот
само така можеби ќе се напише нова песна

Вака ми останува само заморот во мускулите
сувата прав в грло
и избиените тули

главите на тие
што удирале со главата во ѕидот
и што си уште лелекаат од чеканот

и главата сопствена –
рушејќи го ѕидот
се сруши-
в и Ј-А-С

ОРЕЛОТ НА ПРОМЕТЕЈ

Кавказ и за мене е кафез.
Иако не сум прикован за карпана
јас морам по цел ден да му го колвам џигерот
па ноќе, јасно, сум сосема папсан.

Дур нему џигерот му се обновува и расте
јас сонувам за бескрајните пространства
што некогаш ги летав слободен
пред боговите да ми ја дадат гаднава работа.

А тие ни сами веќе не знаат што сакаат.
Ми велат – колви го, но не премногу за да не пцојса;
нека го боли, по понекогаш и заскокоткај го
за да го ждригне она што го мисли…

and the letters will all be knocked from the walls
and multiply to infinity,
every one of them differently,

Only thus will language be re-made,
only thus the world be rearranged
and only thus, maybe,
a new poem written.

As it is
I have only exhausted muscles,
dry dust in my mouth
and the fallen bricks –

the heads of those
who knocked their heads against the wall
and still weep with the pain of the hammer
and my own head

against the wall
broke-
en M-E

Translated by Peggy Reid & Graham Reid

PROMETHEUS'S EAGLE

The Caucasus is a cage for me too.
Even though I'm not chained to that cliff
I have to peck his liver all day long
so at night, of course, I'm just buggered.

While his liver regenerates and grows,
I dream of the endless space
where I used to glide freely
before the gods gave me this damned job.

They don't know what they want any more.
They say – peck him, but not too much, don't let him die:
let it hurt him, yet sometimes just tickle him
so that he blurts out his thoughts.

Но јас не го разбирам ни она што го збори! –
Како тоа, кога си му во утробата,
кога знаеш што јаде и што пие?
Научи му го јазикот на клетките!

Хм, божем богови, а ништо не разбираат.
Дур јас го колвам, без ништо да му можам,
глувци и стаорци им ги јадат дур и жртвите
што луѓето уште им ги принесуваат

а не пак летнината и зимнината.
Јас, пак, сум толку наколкан што не можам да летам
(а да јадам џигер замразив за довек!)
Тие, кутрите, мислат – Прометеј е само џигерот.

ОСТРОВ НА КОПНО
   "... the Republic of Macedonia is a landlocked country ... "

Кој вели дека сме немале море?
Го немаме сега да ни шлапка пред прагот
но еднаш сме го имале во дворот
па секнало, остатокот ни го зеле
сосе бродовите и нас, бродоломниците...

Кај сме можеле без море!
Изгонети длабоко во копното, останавме (дур не остинеме)
со него во дослух (со папочна врска?) и преку 300 планини...
Што ако сега (како и некогаш) се вика(ло): бело, црно, сино,
тоа си е вездéн исто и различно: на утро, пладне, вечер...

Важно си уште е тука, иако заклучено во пештери и потони –
приливот ни татони во сонот, одливот ни заринка во стварност
сушата му е солта, синевината – шир без хоризонт и дно...
Ние сме, всушност, остров заостанат од Потопот на конпо,
глечер меѓу карпи што копни од копнежи

по првобитниот Океан, со траги прекубројни во нас,
од неговото дишење во пулсот од нашите жили,
најодзади – и зошто не? – солената ни крв...
Казна од гревот источник што сме се напиле братска крв –
затоа до ден-денешен морето не се ни пие.

Yet I don't even understand his words!
I know what's in his entrails,
I know what he eats and drinks
but how to figure out the language of his cells?

Hmmm, they pretend to be gods, but they understand zilch.
While I peck away, and I can't do much more,
mice and rats eat up even the sacrifices
still offered by the people,
not to mention the summer and winter crops.
As I say, I'm so stuffed I can't even fly
(and I've grown to loathe liver, I've had a gut-full, enough for a lifetime!).
The poor guys, they must think Prometheus is only liver.

Translated by Ilija Čašule and Tomas Shapcott

AN ISLAND ON LAND
"... the Republic of Macedonia is a landlocked country..."

Who says we haven't got a sea?
We don't have it now, it doesn't wash our borders
but once it was in our backyard
then it dried up, and what was left was confiscated
together with our homes, with us, refugees, left homeless.

How can we make do without a sea?
Banished to the north, we remain (until we cool off)
still in harmony with it (that umbilical cord) beyond 300 mountains…
So what if (as in bygone times) it was (is) called white, black, blue,
it is always the same, yet different – morning, noon, night…

Good that it's here, though locked in caves and underground rivers
the high tide thunders in our dreams, the ebb tide runs us aground in reality.
Drought is its salt, its blueness – vast, open sea, horizonless –
is a glacier stuck between cliffs that takes shape from longing

for the primaeval ocean – with hidden yet powrful traces
of its breathing in the pulsing of our veins.
Finally – and why not? – our salty blood is
punishment for the ancestral sin. Because you once drank brotherly blood
you cannot, to this day, drink the sea.

Translated by Peter H. Liotta

КРАЈ НА ВЕКОТ
„ Си ја заборавил карпата што те родила..."
V Мојсеј; 32, 18

Велат, сме го одбиле каменот како божји дар
(место него сме го одбрале Плодот и Падот)
та затоа животот ни е зелен, па зрел и гнил
а не непроменлив и бесмртен

Затоа залудни ни се молитвите
здивот и зборовите наизуст изустени
(дишењето како непрекинато жртвување?)
од говорот – до онемување

Можеби веќе сме внатре во каменот
(во мракот подлабок од мракот надвор)
во громадата и во меѓникот на распаќе
што не фрла сенка ни на пладне

Па однатре гледаме како утки
со очите-искри, молејќи се со молчење
и го прифаќаме Ништото, мостот
врз бездната меѓу нас и Бога

Велат, по нашето Паѓање
и Господ се изгонил себе
се затворил во себе самиот
за да се роди и за да го родиме

А ние само го дувнавме пламенот
не исчезнавме –
се вративме во непостоење
тлееме однатре

ПРОФЕСИОНАЛЕН ПОЕТ

Последен збор, последна голтка
и стануваш од масата по завршеното работно време
фати го првиот претрупан автобус до кујната
штрбни од лебот и помирисај во фурната.

THE END OF THE CENTURY

Of the Rock that begat thee thou art unmindful,
and hast forgotten God that formed thee.

Deuteronomy; 32, 18

They say we refused God's gift of stone
(instead we chose the Fruit and the Fall)
and so our life turned green, then ripe and then rotten
and was not immutable and immortal

Our prayers are therefore in vain
our breathing, our words uttered by heart
(is breathing a continual sacrifice?)
moving from speech – to silence

Perhaps we've already entered the stone
(a darkness here deeper than the darkness outside)
and inside the rock is like a cairn at a cross roads
which even at noon doesn't cast a shadow

and we stare out like owls
our eyes glinting, praying in silence
and accepting the Nothingness, the bridge
over the abyss between us and God

They say, after our Fall
even God expelled Himself,
enclosed himself within Himself
in order to be born, be given birth

And we only kindled the fire,
we did not vanish –
but returned to non-existence,
glowing inside

Translated by Zoran Ančevski

PROFESSIONAL POET

The last word, the last hasty swallow
you get up from the table, after your working day
and catch the first bus to the kitchen
you tear off a hunk of bread, inhale the good smells from the oven

Глад и разлеано олово по снагата –
вклучи го мониторот од градината
и прелистај го дневниот печат од небото.
Ништо па ништо.

      Ластарите од повитот
се веат во празно – *така повеќе не може, треба...*
да се насочат со ортоми под стреата.
Ќерка ти донесува стол за да се поткачиш.
„Масата е поставена“, вика жена ти
низ прозорецот од некое друго време.

По ручекот, прошетка, низ градината
само ти во скафандер, ѕвездите наоколу,
и под тебе. Антените треба да се прицврстат
калемената јаболкница бара ѓубре.

Назад во кабината –
       „Тато, што е тоа
чудовиште?“ Одеднаш командите откажуваат
парчиња хартија летаат разулавени.
На масата –
    нов бел лист
и моливот тежок како револвер.

Your body – the form you cram with rich food –
is leaden with weariness,
switch on the set and inspect the back yard
on another screen
with a wet finger, you flip the pages of the sky.

Nothing will come of nothing.

      Clematis tendrils
wave in the void – *they must be trained on a trellis...*
your daughter brings you a chair
The table is set, your wife calls
through the window of a parallel world.

After dinner, you walk in the garden
alone in your pressurized space-suit,
      stars all around you
even beneath you. Your antennae must be redirected,
the pear tree, newly pruned, requires manure.

Back to the module:
      "Daddy, what does it mean
to be a monster?"
        Suddenly, the chain of command dissolves,
bits of paper are whirling in free fall.
Around the table –
      untouched paper
and your pencil, as ominous as a revolver.

                    Translated by Carolyn Kizer

KATA KULAVKOVA

PHOTO: AUTHOR'S ARCHIVE

KATA KULAKOVA is a Macedonian poet, theoretician of literature & literary essayist. Born in Veles in 1951, Kulavkova is a Professor of Theory of Literature, Literary Hermeneutics and Creative Writing at the Faculty of Philology, Ss. Cyril and Methodius University in Skopje. Her main areas of interest include: theory of literature, theory of intertextuality, literary and cultural hermeneutics, Macedonian literature, Balkan figures of memory, linguistic rights, and creative writing. Her poetry has been translated into many languages and represented in books, anthologies and selections of contemporary Macedonian, European and World poetry.

Kulakova has been a member of the Macedonian Academy of Sciences and Arts since 2003, and is a manager of *Interpretations,* the Academy's European research project for poetics & hermeneutics (ERPH). She is also Vice President of International PEN and Editor-in-chief of the PEN collection *Diversity.*

РОЕЊЕ ПЧЕЛА

Мат, мат, Маат! Там, там, там! Атман!

Еве ти матице матерка, мирис
на Хипнос во кошарето, пчелинок растриен
и во цвет. Си е создадено за тебе, пчело
и небето, и куќиштето
подзинати како гладни усти
конус на копнежот – дом…

Врти се рују умен, вртлогу
ти кој си на небо, биди на земја

вртилишта, улишта, восочни легла
рам-меморија на приземје и кат давам
за твојот „латински цагор"
за твојот бесценет секрет
меден збор, афродизијак

и медовината капната од небо ти ја давам
на серафим налик и на мираз
од нечија блага душа

и изблик на вечноста ти нудам
„гола како кокошкин врат"
за да се собереш, сакана
да дојдеш на врв врба
во моето гнездо озарено со етер
со екстракт од масло
со медоносно билје

ти нудам енигматични игри
крстословки, ребуси
пополнување на празнините и сотките
осмислување на келиите –
безбројните восочни клетки
ко минијатурни смрчки
Сѐ –
за малку млеч и полен
за прополис и густо проѕирен
леплив и лизгав јантар
амброзија и жолт јаспис

SWARMING BEES

Mat, mat, Maat! Tam, tam, tam! Atman!

Here is thyme for you, Queen Bee Hypnos,
scent in your skep, a hive vibrating
and in blossom. Everything is made for you, bee,
the sky, the hive
gaping like a hungry mouth
a yearning dome, a home.

Twist, you astute swarm, you whirlpool
in the sky, come down to earth,

to colonies, bee-hives, wax beds,
to mega-memory in their basements and floors.
For your 'Latin chant',
for your priceless secretion
I give a honey-sweet word, an aphrodisiac,

even the mead dripping from the skies I give to you
like an archangel, a dowry
from someone's sweet soul

I even offer you a gush of eternity,
vulnerable, "as bare as a chicken's neck",
so that you organize yourself, beloved,
so that you ascend to the top of the willow,
to my nest glowing with ether,
with oil extract
with honey-giving herbs.

I offer you enigmatic games
crosswords and puzzles,
to fill in the spaces and honeycombs
to give meaning to the cells –
the countless wax cells
like miniature morels.

Everything –
for a portion of bee-bread and pollen,
for propolis, thick and transparent,
for amber, sticky and slimy,
for ambrosia and yellow jasper,

за твојот балсам на бесмртноста
за твојот сладок прелив на младоста
за драмата на творењето
за смолата на детството – разлеаниот сируп
или
сакаш недвосмислено да кажам:
за мед, мелиса!

Потоа слези долу, подолу
зад овој свет, зуејќи задумно, чудовишно

33333333333333333333333333333

ЦРНА МЕСЕЧИНА

Се привикнав да постојам
ексклузивно, на Погибел

дури времето се мереше ноќе
како жена
дури со змијата ме споредуваа
со фалусот и ламјата
ја усоврших техниката
на помрачувањето, прељубата

немам причина да се натпреварувам
со луѓето, не ги обожавам идеите и предметите
како нив, но и мене ме застрашува
Диве, Ероте, песјата страна
на жедбата, ненаситоста, иштафот
и мене бесови ме беспокојат, лунки
Шејтане, постојано сакам нешто младо
– Новина, Полутка, Полнеж

устата ми запени од подигање удини
јазикот од каскање, чинки чинење
од вдахновение и празноверие
и мене ме плаши изгревот на зајдисонце
коцкањето со светлоста
за само три дена лажовен
три дена налуничав

for the balsam of your immortality,
for the cream of your sweet youth,
for the drama of creation,
for the resin of childhood – the spilt syrup
or
if you want me to say it clearly:
for honey, for molasses!

Then descend, come even lower,
out of sight of this world, with a din that is mad and monstrous

Buzzzzzzzzzzzzzzzzzzzzzzzzzzz
Translated by Elizabeta Bakovska & Dijana Mitra

DARK MOON

I was used to an exclusive existence
at the Dark Moon
while time was measured at night
like a woman
while they compared me to the snake
the phallus and the dragon
I perfected the technique
of eclipsing the adultery

I have no reason to compete
with people, I don't worship ideas and objects
as they do, but I am frightened by
Djinn, sexual desire, by the dog
of thirst, insatiable longing, craving
I am tormented by rage, lunacy
Satan, I keep on wishing for something young
– New, Half, Full

my mouth foams from raising lean meat
my tongue nibbling, probing
animatedly and superstitiously
I am fearful of the sunrise,
gambling with light at sunset
for only three days deceitful,
three days lunatic,

три дена трикрак, троглав жив-отец
и мене ме тревожи што долго
веќе многу долго преврат нема
вртолун, бела ноќ
на мојов месечински, на твојот животински појас
вртелешко вселенска, машка анатемо

Сонце мое.

ТОПЛА КРВ

Ниту една единствена не знам
ладнокрвно да раскажам
бајка. Зошто, на пример
ловецот ја спасува Црвенкапа
и, како секоја споредна личност
неопходна само за расплет
си заминува?

На кој начин во Аловото цвеќенце
грдиот ѕвер станува убав младич?
Кој од нив е привидение?
Ме трогнува ли магијата на преобразбата
или езата дека морам да паднам во немилост
за да бидам некому мила и драга?
Колку ќе останат непреобразени
на светов луѓе, мажи
при си што жената е она трето
кое ги поврзува?

Мажот е желен, жената пожелна
и така во недоглед возбудата
на рас-кажувањето живнува
јазикот е топол како крв
ласцивен кога бликнува
опсцен кога засирува
јагула-јазик
совршен и кога е разголен
без кошула без лушпа
како од матка изведен!

three three-sided, three short-lived days
I am distressed that for a long time,
a very long time, there is no reversal
a moon phase, a white night
of my moon belt, of your animal belt
you merry-go-round in space, you male anathema,

my Sun.

Translated by Elizabeta Bakovska & Dijana Mitra

WARM BLOOD

I don't know how to tell
a fairy tale calmly. Why, for example
does the hunter who saves Little Red Riding Hood,
or any minor character
necessary for the denouement,
have to leave in the end?

How is it possible that, in Beauty and the Beast,
the ugly beast turns into a handsome young man?
Which one of them is an illusion?
Am I touched by the magic of transformation
or the strange feeling that I have to suffer in disgrace
before I can be loved by someone?
How many people in the world,
most of them men, remain unchanged
when a woman has
brought them to life?

Men are desired, women too
and so the excitement of the tale
is endless,
the language warms like blood,
blossoming lasciviously,
hardening the obscene,
twisting like an eel,
as perfect when naked
without a shirt, a shell,
as if just born from the womb.

О, бесрамна нека ми биде беседата
нека биде вечен нескладот
меѓу изгледот и суштината
постојат волшебни приказни во коишто
си е налик на стварноста
во коишто нема ништо
што би можела да го објаснам
ладнокрвно и рамнодушно!

ИСПОВЕД НА ДЕТЕ

"Не знам зошто
имам чудно чувство
дека секој ден ми доаѓа
судниот ден

па се наежувам од уплав
и морници ме полазуваат
и се замрсувам како долг
многу долг и излитен конец
јазли полн, а трпение немам
да го размрсам!

Потем се соземам несвесно
се враќам со временската машина
во виртуелната стварност
и продолжувам да си играм
да се занесувам

оти како инаку ќе преживеам
Мамо
– не знам!"

ГОЛЕМАТА МАЈКА

"Јас сум Таа.
Почивам скрснозе
а колковите ми надтежнале од животворност
и се прошириле толку многу
што се одделиле од мене

Oh, let my tale be shameless,
let disharmony be eternal,
between what appears to be and the essence.
There are tales of magic
where everything is so real
that it would be impossible to tell them
with calmness and indifference!

Translated by Zoran Ančevski

A CHILD'S CONFESSION

"I don't know why but
I have a strange feeling
that the Day of Judgment
is coming closer every day

and then I get goose bumps
and shivers creep up my back
and I become muddled like a very long,
very thin thread
full of knots, and I don't have the patience
to untie them!

Then I calm down and without thinking
return to virtual reality
in a time machine and continue to play
in flights of fancy,

otherwise I don't know
Mummy
– how else am I to survive!"

Translated by Zoran Ančevski

THE GREAT MOTHER

"Here, I am Her.
I rest on my crossed legs,
my hips are heavy with life
and have swelled so much
they are almost severed from me

и веќе не се само мои и не се само тука.
Куќа цел свет мене ми е.
Токму така:
имам моќ да бидам
на разни места во исто време.

Во постојан дослух со еротиката
на творењето жив, а смртен свет
– се претворам во книга на промените
го менувам името, ги трампам симболите
и приказбите, луѓето ги давам
кастингот го алтерирам
но улогите остануваат!

Мене која општам со духовното
ми приличи световното:
земја и море, Луна и цибрина!
О, каква противречност:
да бидеш жена, начело на плодност
а да носиш негативен, пасивен
предзнак, архетипски минус
ритмични инсерти од
смрт и од живот!

Кој дава, ако не оној кој има?
Кој губи, ако не оној кој има
што да изгуби?

Јас, матрица, матка, матерка,
модра, мадра, мудра матрона
од Другиот свет
(не, овој никогаш не ми бил доволен!)
ти повелам:
влези во морето
не мисли на немоќта
оти никогаш не знаеш
колку ќе издржиш
и во болот, и во ужитокот

пливај до кајшто гледаш
а гледај далеку, секогаш подалеку
јас глаголам задумно на 'ртот
зборувам на својот мајчин јазик
(о, какво олеснување, каква удобност!)

no more mine and no more here.
The whole world is my home.
Just like that:
I have the power to be
in different places at the same time.

I am constantly in touch with the erotic
procreation of a living, yet mortal world –
I turn into a *Book of Changes*
I change my name, I swap symbols
and narratives, I cast off people
I change the cast
but keep the roles!

I, who communicate with the spiritual,
am also fit for the worldly:
earth and sea, the Moon and the cold!
Oh, how contradictory:
to be a woman, a source of fertility
and yet carry a negative, passive
sign, an archetypal minus,
the rhythms of
life and death!

Who is able to give if not the one who has?

I, the matrix, the belly, the womb,
a mature, calm, wise matron
from the Other World
(no, this one has never been enough to me!)
order you thus:
enter the sea
don't think of weakness
for you never know
how long you can endure
the pain, and the delight

swim as far as you can see
and even further than that
I'm thinking of the Cape
I speak in my mother tongue
(oh, what relief, what comfort!)

и сила ти давам
а не утеха!

После ќе гаташ над моите рецки
над испрекинатата линија на судбата
срочена во 64 хексаграми на енигмата

а тој ќе вметнува во ребусот по некоја
права, проста, прозна
и позитивна цртичка.
Машки синопсис!"

ОБРЕД НА СОВРШЕНСТВОТО

Изгревам старински
навидум еднолично
а секогаш исконски
уверен дека козмосот
е синкретичен
и боледува, кога ќе се наруши
внатрешното единство.

Ја чувствувам полнотијата
на обредот, неделливоста на
еросот од енергијата
потребата на душата да шета
по свое, наваму-натаму
долж времето и просторот
меракот на смртта да изненадува
– како што знаете
и самите.

Јас сум сонце, и дневно и ноќно.
Будна светлост, чудна несоница.
нема збор кој ќе каже колку долго
тонам во агонијата на двоумието
– од една страна ми тежи бремето
на совршенството и посакувам
да ме снема, од друга ме обзема
неописива љубов, можеби мајчинска
која ме враќа назад

and give you strength
not consolation!

Later you'll read my palm
you'll see the broken line of my life
made up of 64 hexagrams of an enigma

and a line will be inserted in the rebus
straight, prosaic,
a positive dash.
A male synopsis!"

Translated by Zoran Ančevski

THE RITUAL OF PERFECTION

I am dawning
seemingly monotonous,
but unique –
confident that the cosmos is reconciled,
yet sick – its inner unity impaired

I feel the fullness
of the ritual, the undivided
creative energy,
the need of the soul
to wander alone
through time and space,
aware of death's desire
to surprise us –
as we all are.

I am the sun, both night and day,
an awakened light, and a strange insomnia.
No words can describe how long
I have been sinking into this agony –
I hesitate: on the one hand the weight of perfection
and a desire to vanish, on the other
an uncertain love, maternal perhaps,
which takes me back home

и ми ја враќа радоста на
облевањето.

Успокојте се, толку е моето послание:
заборавот е мислена именка
за сонцето. Заробено во совршена
меморија, за доброто на сите
– тоа е ваше, колку што не е!

ЗАЛЕЗ НАД ОХРИД: МАГИЈА

Како да не станеш едно, со овој залез
– оваа универзална азбука
на совршенството!

Како да не станеш едно, со оваа
светло-сина молитва, моќна да ги разбуди
и мртвите!

Како да замижеш пред оваа глетка
– глето – глина – глодар
спружена гледливо и пожелно
на небето, под јазикот
небаре вино лежено
во визбите на вечноста!

Како да не се приврзеш
за овој гламур на голотијата
спространа удобно
меѓу земјата и етерот
како визија од длабока медитација
ом, ом, ом, дом на душата?

Како да не се приврзеш за ова езеро
кое ги прелива боите една во друга
божем небрежно, а безгрешно
сѝ до последниот здив –
див из-див

ај-ај-ај-ај-ај-аја!

and brings me joy
in abundance.

Be reassured, my message ends with this:
forgetfulness is an abstract noun
for the sun. It is imprisoned in perfect
memory, for the well-being of all
– it is as much yours as it is not

Translated by Zoran Ančevski

SUNSET ABOVE OHRID: MAGIC

How can you not become as one with this sunset
– the cosmic alphabet
of perfection?

How can you not become as one with this
bright-blue prayer, strong enough to raise
the dead?

How can you close your eyes before this sight
– knife – clay – crow
stretching to be seen, desirable,
against the sky, under your tongue
as if it were a draft of vintage wine
kept in the cellars of eternity?

How can you remain untouched
by this glamour of nakedness
stretching comfortably
between the earth and the heavens,
like a vision after a deep meditation,
om, om, om, home of the soul?

How can you remain untouched
by this lake, which blurs the colours
carelessly, yet unerringly,
to the last remaining breath –
ecstatic?

ay, ay, ay, ay, ay, aah!

Translated by Zoran Ančevski

ВАВИЛОНСКА СКАЗНА

Си биле многу народи и сите
зборувале на еден ист јазик.
И станале силни, та посилни од Бога.
И изградиле величествена кула.
Да биде симбол на нивната моќ.

Кога Вишниот видел дека јазикот е моќ
А моќта единство, сплотеност
ја срушил кулата.

Ја поткопал од темел. Својски.
Тогаш Вишниот за прв пат
си допуштил
да биде
човек.

МАКЕДОНСКА СКАЗНА

Си бил еднаш еден народ
кој зборувал на многу јазици.

И имал многу имиња
– оти освоил многу светови.
И оставил многу пред себе
– за да најде многу зад себе.
И побудил мошне завист
– кај блиските.

Минало време и тој се изгубил
во преводот на имињата
на местата, на луѓето
на верите и на светилата.

Еден ден, се претворил
во јаболко на раздорот.

A BABYLONIAN TALE

Once there were many tribes
and they all spoke the same language.
And grew strong, stronger than God.
And they build a magnificent tower.
As a symbol of their strength.

When the one above realized language is power
and power brings people together,
he destroyed the tower.

He razed it to its foundations.
Only then the one above
would allow himself
to be
human.

Translated by Zoran Ančevski

A MACEDONIAN TALE

Once there was a tribe
that spoke many languages.

And had many names –
for it conquered many worlds.
And many more remained beyond reach –
only to find many more behind.
And it stirred great envy –
among its own.
And forgot that tragedies, always
happen at home.

Time passed and so were lost
the translation of names,
places,
people and faiths.

One day, it turned into
a fruit of discord.

Ене го како си ја чува сенката
во последниот обид да се спаси.

ТЕМЕН ВЕК

Изгорени од сонцето
станавме рамнодушни
спрема мракот.

Имаме сури дамки на млад орев
во духот. Го минавме прагот на
новиот темен век!

Страв и трепет
од другата страна на
човечноста.

НЕРВЕН СЛОМ: ВИШОК СТВАРНОСТ

Неподнослив порив да исчезнам
да ме снема,
а нема каде.

Сум одела по снег
сум оставала траги
ме гонеле ко снежна жена
сѝ додека не ме погодиле
раритет за отстрел.

Сум викала како на сон
но не сум се разбудила.

Можеби, преморена од стварноста
сум имала симпатија спрема смртта
или напросто желба да станам
симболична.

And there it remains, keeping in its own shadow
in a last attempt to save itself.

Translated by Zoran Ančevski

A DARK AGE

Scorched by the sun
we became indifferent
to darkness.

A green walnut stains
our soul, as we cross the threshold
of this new dark age.

Fear and trembling
from the other side of humanity.

Translated by Zoran Ančevski

A NERVOUS BREAKDOWN: EXCESS OF REALITY

An unbearable urge to disappear,
to vanish, but where?

I have walked on snow
I have left tracks behind
I have been chased like a snow-woman
until targeted as a rarity.

I have screamed in nightmares
without waking up.

Perhaps, too tired of reality,
I've had a liking for death
or simply a desire to become
symbolic.

Translated by Zoran Anchevski

IGOR ISAKOVSKI

PHOTO: AUTHOR'S ARCHIVE

IGOR ISAKOVSKI, poet, prose writer, translator and editor was born in 1970 in Skopje, Macedonia. He has a B.A. in World and Comparative Literature from Sts. Cyril and Methodius University, Skopje, and an M.A. in Gender and Culture from CEU, Budapest. He is founder and director of the Cultural Institution Blesok, where he works as editor-in-chief.

Isakovski's published books of poetry and prose include: *Letters* (1991), *Black Sun* (1992), *Explosions, Pregnant Moon*, and *Eruptions* (1993), *Vulcan – Earth – (1995), – Sky* (1996, 2000), *Engravings, Blues Phone Booth* (2001), *Sandglass* (2002), *Way Down in the Hole* (poetry, 2004), *Swimming in the Dust* (2005, awarded Prose Masters prize 2005), *Blues Phone Booth II* (2006, awarded 2007 annual prize for best visual-graphic design of a printed book), *Interning for a Saint* (2008), and *The Night Is Darkest Before the Dawn* (2009).

Isakovsky translates poetry, prose, and essays from and into Macedonian, English, Serbian, Croatian, Bosnian, Montenegrin, and Slovenian. His works have been translated and published in English, Dutch, Romanian, Slovenian, Croatian, Serbian, Bulgarian, Montenegrin, Czech, Hungarian, Polish, Slovakian, Korean, Hebrew, and Turkish, in 20 countries. He lives in Skopje, with his wife Kalina, their daughters Sara and Lina, and all of their friends.

CAM

им испраќам мозочни сигнали
на сите мои девојки
ноќ е, се разбира
и сам со себе глаголам
ми доаѓа да ги кажам
сите неизговорени зборови
но не се сеќавам
на ништо не се сеќавам

шетам низ станот
сакав да живеам сам
ете ми, живеам баш така
и низ аглите ги збирам искрите
на мојата некогашна магија

место кон аглите
одам кон фрижидерот
отворам пиво
бројам уште колку има
па гледам уште колку има
од ноќта, би било подло
да останам без пиво пред изгрејсонце
но не ми е јасно кој би бил
подлецот; кога живееш сам
немаш кого да обвиниш

ги мијам рацете многу често
се гледам во огледалото додека
ги мијам рацете, мојата брада е неуредна
и гледам во водата гледам во сите предмети
наоколу и моите сигнали како да се одбиваат
од ѕидовите од решетките од си наоколу
и моите сопствени повици ми роварат низ
главата; би било потполно апсурдно да се мрднеш
да излудиш
од звукот на сопствениот глас но ете
на пат сум и тоа да го сторам но најпрвин
мора да се измачувам со прашања
да барам одговори да гледам фотографии
да почнам да станувам свесен
никој не ми е потребен
иако тоа е во потполна спротивност

ALONE

i'm sending mental signals
to all my girlfriends
it's night, of course
i'm on my own, talking out loud
i want to say
all the unspoken words
but i can't recall them
i can't recall a thing

i drift around in my flat
i wanted to live by myself
it serves me right, that's how i'm living
and from the corners i glimpse the spark
of the old magic

i walk not to the corners
but to the fridge
i open a beer
i count how many are left
count what remains
of the night
i'll run out of beer before sunrise
but i can't work out who's
to blame; when you're living on your own
there is no one to blame

i wash my hands frequently
i look at myself in the mirror while
i wash my hands, my beard is messy
and i look into the water i look at all the things
around me and i seem to see reflected back to me
walls and bars around everything
and my head is being split open
with my own cries; it would be quite absurd to go mad
to freak out
from the sound of your own voice
i'm well on the way to doing just that but first
i must torture myself with questions
must search for answers must look at photos
must convince myself
i don't need anyone
though it's the exact opposite

со она што до пред малку
го мислев па мислам на нешто друго; тешко е да си
признаеш дека си контрадикторен и трезен, тоа е
како да си го миеш мозокот со средство за дезинфекција
иако не знаеш од што точно си заразен па стануваш уште
полуд во своите очи како некој да те удрил со токмак
додека си се будел и ги навлекуваш чорапите на дланките
се чешаш со нозете како ситно животинче; од секогаш си сакал
да бидеш безгрижно животно, врабец, сколовранец, див коњ,
но секогаш си останувал со своите проклети монолози
во своите звуци како други звуци да не постојат
ете си сега, сам, време да се присетиш на сите оние
што си ги напуштил, на сите што заминале од тебе
зашто си таков каков што си и ако не чувствуваш
грижа на совест или нешто слично тоа е можеби затоа
што си зборуваш во трето лице еднина

зборувам како самотен човек со студени стапала
зборувам за да можам да дишам рамномерно
но никогаш не дишам како што треба
додека пишувам зашто фотографиите во мене
пролетуваат премногу брзо и јас никако не можам
да ги стигнам да влезам во нив, тоа е како кога не можеш
сонот да си го вратиш и дишењето ти станува растргнато
од сите тие големи напори што се секогаш взалудни

ДОБРО

добро, ајде да си признаам:
јас сум сам. точка. одиме
понатаму: не ми е лошо?

добро, ајде да помислам:
љубовта е мисла, скриена
во мракот на светот.

добро.

ајде сега, да молчам. малку.
твоите насмевки, сонце.
твоите гради.

of what i'm thinking
so i think of something else; it's hard to
admit to yourself you are contrary yet sober, it's
as though you are washing your brain with a disinfectant
not knowing exactly what are you infected with so you become
in your eyes even crazier as though someone's hit you with a bat
when you wake up you put the socks on your hands
scratching with your legs like a small animal; you always wanted
to be a carefree animal, a sparrow, a hummingbird, a wild horse,
you've always hung onto the sound of your damned monologues
as if nothing else existed
here you are now, alone, with time to remember all the ones
you've left, all the ones that walked out on you
because you are as you are and if you don't have
a guilty conscious or something like that maybe it's because
you think of yourself in the third person

i talk as a single man with cold feet
i talk so i can breathe evenly
but i never breathe as i should
when i write because the images in my head
fly through too fast for me to
catch up with them to enter them, it's like when you can't
bring the dream back and your breathing is torn apart
by all those big efforts that are always in vain

Translated by the author

ALRIGHT

alright, let me admit it to myself:
i am alone. full stop. let's go
on: do i feel bad?

alright, let me think:
love is a thought, hidden
by the darkness of the world.

alright.

now, let me be quiet. for a while.
your smiles, sunshine.
your breasts.

остави ме да ги одмолчам.

добро, ајде да помислам:
сонувам ретко но добро.
исто како во рекламата за пијачката
која го уби татко ми – пиј малку,
пиј добро. вињак. Цезар. или Рубин.

точка. добро.

ајде сега да се вратам таму:
во станот на последниот кат.
осите градеа гнезда во празните
пивски шишиња на тесната тераса.
на внатрешниот sид од терасата
моите редеа шишиња, ко за отстрел.
загина, прво, оној што ги пиеше по ред:
откако почна да ги пие скришно, тивко.
после, почнавме ние да гинеме, во неговите
болки да гниеме, како безвредни црви на патот
кон бога. ајде сега, биди умен и објасни си:
како може, толку едноставно и лесно,
љубовта да те убива. во дози, ко на лажичка.

добро. тури точка. плукни. исплачи се.
нема да биде подобро: само те лажат.

добро.ајде сега да се прашам: имам ли храброст,
имам ли мадиња, да се вратам. таму.
само точки пишувам. и потврдувам:
добро. не ми се плаче. не ми се...
што и да треба да правам. мртов. тој.

јас: жив. ко оган жив. ко вода надојдена.
жив, јас. невероjатно. башка што сум луд.
тоа ми е ебаниот бонус во мракот на светот:
ја гледам скриената светлина. љубовта. боли.

добро. што и да направам, ништо не менувам.
не воопшто, не на долги патеки. и онака сум
спринтер. брзи здивови, жесток оган. ако се
пеплосам, значи ми паднала пепелта в скут.

let me ignore them.

alright, let me think:
i dream rarely but well.
just like the ad for the booze
that killed my father – drink little,
drink well. brandy. cesar. or ruby.

full stop. alright.

let me go back there now:
to the flat on the top floor.
the wasps were building nests in the empty
beer bottles on the narrow terrace.
my folks put the bottles
in a line against its inner wall, as though before a firing squad.
the one who drank them one by one died first
when he started to drink in secret, quietly.
afterwards, we started to disappear, destroyed by
his agony, like worthless worms on the road
to god. so now, be clever and explain to yourself
how love, so easy and simple,
can kill you. in doses, like drops on a spoon.

alright. put a full stop. clear your throat. stop crying.
it won't get better: they just lie to you.

alright.

let me now ask myself: do i have the guts,
do i have the balls, to return? there?
all i write is full stops. and that's a fact:
alright. i don't feel like crying. i don't…
whatever i am supposed to do. dead. that's what he is.

i am alive. alive like fire. like flood water.
alive, me. unbelievable. apart from being crazy.
that's my fucking bonus in the darkness of the world:
i see the hidden light. the love. it hurts.

alright. whatever i do, i don't change a thing.
not at all, not in the long run. I am a sprinter
after all. fast breaths, fierce heat. if i turn
into ash, it means that ash has fallen into my lap.

од цигарата. добро.

баш ме заболе…

добро. што и да е.
ајде да молчиме.

не сакам да сум тука. добро. не сакам
да сум каде и да е. а сакам да сум жив.

сум. каков и да сум. оган бездомен.
питом. луд и необјаснив.

сум. точка.
толку е лесно
што е тажно.

НЕЖНА ПЕСНА

денеска, додека истоварав нови книги поезија,
на пулт видов книга со наслов „опасен сум“.
додека чекав да ги примат поезиите, отворив
и гледам: ова е опасно како противпожарен апарат
– ќе те изневери кога најмногу ќе ти треба

опасен си, си мрморам, за книжевноста како уметност.
не дај боже некое дете да те сфати озбилно.

товарам книги поезија во ранецот, сонувајќи проза
секоја мугра ме буди со нови страници раскази
ништо не запишувам, само прашувам каде е шанкот

опасен станав сам за себе, ваков ненапишан
никако да се допијам во овие мои пролети
никако да се наситам од храна, зборови и музики
– ќе се заебам од премногу љубов кон животот

каде е шанкот, каде е мразот, имате ли чаша за мене?

толку прашувам, однапред помирен со секој можен одговор.
нежен сум. пијам молчеливо и се обидувам да ги поништам

from my cigarette. alright.

i couldn't care less…

alright. whatever.
let's be silent.

i don't want to be here. alright. i don't want to
be anywhere. and i want to be alive.

i am. i am how i am. a homeless fire.
gentle. crazy and inexplicable.

i am. full stop.
it's so easy
it becomes so sad.

Translated by the author with Elizabeta Bakovska

CALM POEM

today, while unloading new books of poetry,
i saw on the counter a book entitled "I'm dangerous".
while i was waiting for them to take the poetry books, i opened it
and took a look: this is as dangerous as a fire extinguisher
– it will let you down when you need it most

you're dangerous to the art of literature, i murmured.
god forbid, some kid may take you seriously.

i load books of poetry into my backpack, while dreaming of prose
new pages of short stories awake me each dawn
i don't write anything down, just ask where the bar is

i became dangerous to myself, like this, not writing,
never managing to drink enough when i have a thirst
never managing to be satiated with food, words or music
– i'll screw up with too much love of life

where's the bar, where's the ice, do you have a glass for me?
i ask that, resigned in advance to the likely answer.
i'm calm. i drink silently and try to dissolve

спомените. што ќе ми е секавање, ако сега не сум жив?
имате ли, за мене, каде е мразот? огнов мора да се гасне,
или ќе изгори светов ко тенка ненапишана хартија…

патетични зборови за басот кој низ мене бие, тажаленки
кои дури ни мене ништо ме ми значат. имате ли, за мене?
на самотен брег градам колиба: кога и да е, ќе морам
да му се вратам на риболовот. нишката која ме поврзува
со длабочините: пот и плот во плодовата вода на светот.

наточи ми уште. не ме штеди. не штеди го шишето.
сè ќе биде добро. само нека тече. времето нека го:
ќе бидеме секогаш свои ако не го мислиме премногу.
градам колиба на мојот брег. од потопени бродови, од
свенати дрвја. градам колиба за моите мисли:

ако овде не ги собере, ќе кренеме палата од зборови
– кревка како кула од карти. нежен сум, рамнодушен
кон светот. рамнодушен сум кон себе, но нема да одбијам
ако ме погалиш. легнувам питом и сеедно ми е кога ќе се
разбудам. поезии ме будат додека си ги сонувам расказите.

ОМАРНИНА НАД ПЛАНИНСКА ВОДА

гледај, си велам, како
раката ти отежнува додека
ја креваш чашата. гледај,
колку е светот бавен,
тром како летна омарнина.
гледај, мрморам, колку полека
капките ти се слеваат во грлото –
како бисерни зрна врз песок.

гледај си ги градите, гледај
колку мирно ти почиваат
под брадата, гледај, речиси
и не се движат – ти молчат
градите како да се полни
бистра планинска вода
во која се прелеваат боите
на изгрејсонцето. гледај,
полека нешто светнува.

the memories. what's the good of remembering if i'm not alive right now?
do you have anything for me, where's the ice? this fire must be extinguished
or the world will be set on fire like a thin blank piece of paper...

pathetic words for the bass that beats through me, laments
that mean nothing even to me. do you have anything for me?
on a lonely shore i'm building a hut: sooner or later, i'll have to
go back to fishing. the line that connects me with the
deep: sweat and flesh in the protective water of the world.

pour me more. don't spare me. don't spare the bottle.
everything will be alright. just let it flow. let it happen:
we will always be ourselves if we don't give it too much attention.
i am building a hut on my shore. of sunken ships, of
withered trees, building a hut for my thoughts:

if there is no room for them here, we'll erect a palace of words
– fragile as a tower of cards. i'm calm, indifferent
to the world. indifferent to myself, but would not object
were you to caress me. i am lying down, tamed, and i don't care
when i wake up. poetry wakes me while i dream my short stories.
Translated by the author with Cliff Endres

SULTRINESS OVER MOUNTAIN WATER

look, i said to myself, how
your hand gets heavier when
you lift your glass. look,
how slow the world is,
sluggish as a sultry summer.
look, i murmur, how slowly
the drops pour down your throat –
like pearly drops over sand.

look at your chest, look
how calmly it lies
below your chin, look,
hardly moving – your chest
is silent, full of clear
mountain water which
pours with the colours of sunrise. look,
something slowly flashes.

гледај, си велам, чашата пак
ти е празна како збунет молк,
гледај, широко отвори ги очите
и гледај – како е да живееш сам.

БУКУРЕШТ 5 ½

Букурешт во пет –
моите нови чевли
се кај вратата.

Букурешт, пет и пол
галеби ослободени од тежина
сонце кое срамежливо се соблекува

Букурешт, натрупан и прекрасен
бесрамно шарен, со намирисан бетон

Букурешт, седум и пол
последните леи пред првиот лет вечерва
точам ирско и од торбата.
резервите ни се при крај:
треба да смислиме чесно повлекување

Букурешт, доцна попладне
ме испраќа со невреме –
сношти седев на една тераса
и ги гледав галебите
како го осветлуваат небото:
бели ленти ослободени од смисла

сега имам повеќе ирско од вода
и ни ебана банка
треба да смислиме достоинствено отстапување

Букурешт доцна попладне
ме шета низ лавиринтите на Елијаде
премногу книжевност во еден ден

look, i say to myself, your glass
is as empty as a confused silence,
look, open your eyes wide
and look – what it's like to live alone.

Translated by the author with Elizabeta Bakovska

BUCHAREST 5.30

Bucharest at five –
my new shoes
are by the door.

Bucharest, five thirty
seagulls free, weightless,
the sun bashfully undressing

Bucharest, replete and beautiful
shamelessly colourful, with perfumed concrete

Bucharest, seven thirty
the last garlands before the first flight tonight
and I pour whiskey from my bag:
we should invent an honourable withdrawal

Bucharest, late afternoon
escorts me with a storm –
last night I was sitting on a terrace
watching the seagulls
light up the sky:
white stripes freed of meaning

now I have more whiskey than water
and not a fucking cent
we should invent a proud retreat

Bucharest, late afternoon
takes me strolling through Eliade's labyrinths
too much literature for one day

полека се повлекувам
ја напуштам сцената со благ наклон –
уште еден град во кој ќе се вратам

Букурешт во самрак
Букурешт во јуни
Букурешт во длабоки деколтеа
Букурешт со мали цврсти гради
Букурешт со лососи во ветрот гонети од бели галеби

КАКО ДА НАПИШЕШ ПЕСНА

ти треба белина
застрашувачка белина
проголтувачка празнина
и цврста одлука
мирна рака
како на хирург (или месар)
опуштена мисла со допуштени врутоци
влезови во сликите
без размислување за излезите
шепотот и викотот на минатото никако не пеат заедно
освен во некоја процедена песна

во песната кажи нешто тажно
сите сакаат тажни слики случки луѓе
без оглед колку ужас да има во оваа вистина
сите се тешат со туѓи срања
и сакаат да видат како некој победува
секако мораш да имаш победник во песната
инаку ќе помислат дека поезијата е попустлива
дека поетот се предал, иако не знаат секогаш
што сакал поетот да каже

како ни многу од поетите
ако веќе се расфрламе со вистини

сите сме создадени од минато
па затоа вади слики од себе
веројатноста некој друг да се пронајде во нив
е прилично голема

I slowly withdraw
I leave the scene with a gentle bow –
yet another city I will return to

Bucharest at dusk
Bucharest in June
Bucharest with deep necklines
Bucharest with small firm breasts
Bucharest with salmon chased by white seagulls
Translated by the author with Elizabeta Bakovska

HOW TO WRITE A POEM

you need whiteness
scary whiteness
voracious emptiness
and decisiveness
a hand as steady
as a surgeon's (or a butcher's)
calm thoughts punctuated by little disturbances
as images enter and exit
without any resolution
whispers and shouts from the past but never in unison
except in some contrived poem

say something sad in the poem
everyone likes sad images events people
horrible though this truth is
everyone finds comfort in someone else's shit
and wants to see how they win through
the poem must have a winner
otherwise people will think that poetry is indulgent
that the poet has given in, even though they are not always
sure what the poet is trying to say

like many poets
we hurl truths around

we are all made of the past
so draw pictures from your own experience
knowing that in them others
may well see themselves

твоите неприлики стануваат туѓи
а патот низ градбите на минатото
станува пригодна прошетка низ урнатини

како воен туризам

што е уште една неодминлива
вистина
сакале ние да признаеме или не
загледани во туѓите страдања
исполнети со слатки трнки
во 'рбетот грбот градите рацете
екстатично возбудени што сме живи
што не сме биле другите настраданите
што не ни проголтала празнината

МИЛО СОНЦЕ

мило сонце,
ќе ме затечеш пак тука
меѓу пијаници, клошари
и пропаднати коцкари

пак ќе ме огрееш
божествено рамнодушно
полно себе, полно светлина
која убива во поим

мило сонце, ќе ме затечеш
меѓу тетки и малолетнички
никаде ја нема жена ми
(можеби зашто спие со нашите деца...)

пак ќе ме огрееш
болно до непрепознавање
како лик разурнат
во парчиња огледало

your troubles become someone else's
and the path through the buildings of the past
becomes a walk through ruins

like war tourism

another unavoidable
truth
whether we admit to it or not
when we stare into someone else's shit
our spines backs chests arms
shudder with delight
so ecstatic are we that we are alive
and not those who have perished
not those who are swallowed by emptiness

Translated by the author with Elizabeta Bakovska

DEAR SUN

dear sun,
you will find me here again
among the drunks, bums
and failed gamblers

you will warm me again
divinely indifferent
entirely yourself, full of light
which pierces to the bone

dear sun, you will find me
like a baby surrounded by mothers
not a sign of my wife
(maybe because she sleeps with our children...)

you will warm me again
painfully unrecognizable
like a character shattered into pieces
like a broken mirror

Translated by the author with Elizabeta Bakovska

ЗАЛЕГНАТ ВРЗ СТИХОВИ

стихови имам насекаде
околу мене, лебдат низ воздухот
ми треперат под прстите
како оган пред цигара
ми се пикаат во косата
ме чешаат под носот
ми го гребат грбот

ме пречекуваат во креветот
како нежна топла мазна жена
ми лазат по нозете ми ги лижат
градите стиховите ми се пикаат
во папокот и таму длабат

насекаде околу мене стихови
врз мене стихови и под мене стихови
како нежни пеперутки како златна прашина
бегаат пред допирот како јато неми риби
во рибникот на небото кое златно свети
златно како молчење

TV SCREEN & JIM BEAM
на г-дин Коала, по приказната на Снежана Букал

ноќе е студено
г-дин Коала
додека босоног пијам Jim Beam
мислејќи на математики
граматики и сиот тој џез
blues-от свири
по обичај
нема што друго да се каже
„зарем мислиш дека ќе се извлечеш со ова" вели таа
додека ја водат кон судницата длабоко во ТВ екранот
не, велам јас, но вреди да се проба

студено е
г-дин Коала

RECLINING ON VERSES

i have verses all around
me, they float through the air
trembling under my fingers
like a flame held to a cigarette
they burrow into my hair
tickle me under my nose
they scratch my back

they wait for me in bed
like a tender warm smooth woman
they sneak over my legs licking
my chest the verses burrow
into my navel and take root there

all around me verses
on top of me verses beneath me verses
like delicate butterflies like golden dust
they dart away like a shoal of silent fish
in the pond of the sky shining golden
golden as silence

Translated by the author with Elizabeta Bakovska

TV SCREEN AND JIM BEAM
     to Mr. Koala, after Snežana Bukal's story

it's cold at night
mr. koala
while i drink my jim beam barefoot
thinking about maths,
bats and all that jazz
blues play
as usual
nothing more to say
"do you think you can get away with this" she says
as he is led to the courtroom deep in the tv screen
"no", i say, "but it's worth trying"

it's cold
mr. koala

но секако би сакал да се сретнеме
гранките овде се дебели и цврсти
држи се до оваа мисла
додека палам нова цигара
гледам во мојот одраз во прозорецот
сипам нова
голтам уште две
математики, патики и сиот тој џез
но баш ми е гајле
додека ја бакнувам жена ми за добра ноќ

одиме напред

осветлен е крстот на црквата
го гледам низ гранките
одамна не сум напишал песна
неколку години мислам
математики, пластики и сиот тој џез
преку ТВ екранот, Шопен и сиот тој blues

„јас сум многу среќно дете" вели момчето на екранот.
се сложувам. сум.

but i really would like to meet you
the branches here are thick and strong
hold onto this thought
while i light another cigarette
i look at my reflection in the window
pour another
sip two more
maths, baths and all that jazz
but who cares
as i kiss my wife goodnight

keep on rolling

there is a cross i see through the branches
lighting up
it's been a while since my last poem
quite a few years
maths, beds and all that jazz
on the tv screen, chopin and the blues

"i am a very lucky child", says the boy on the tv screen.
i agree. i am.

Written in English

JOVICA IVANOVSKI

PHOTO: AUTHOR'S ARCHIVE

JOVICA IVANOVSKI was born 1961, in Skopje. He is the author of the poetry collections *Way Such Liver For Me* (1995), *The City is Full of You* (1997), *A Strange Kind of a Sunny Day* (1999), *Three Forward Three Backwards* (2004), Double Album *In the Shadow of the Billboard and Ice-cream Infinitely* (2005), *Siesta Thirst* (2007), *Whistling in the Wind* (2009) as well as *Selected Poems: Open the Window and Let the City Breathe a Little*, (selection of poetry in English, 2002), *Selected Poems*, (selection of poetry in English and Macedonian 2002) and *One of These Days if Not Tomorrow*, (selection of poetry in English and Macedonian (2009).

Ivanovski is a long time member of the Independent Writers of Macedonia. He lives and works in Skopje.

СЕЕДНО – ЈАС СИТЕ ГИ ПОЗДРАВУВАМ

Години и ликови – многу
познанства средби стари пријатели
зарем може некој сите да ги запамети

слабо памтам физиономии
а и ретко кога имало причина за тоа
младешка грешка и сметката сега ја плаќам

некои ги знам само од видување
со некои можеби и сум се дружел
другите (претпоставувам) сум ги видел на телевизија

дали од осмолетка или од средно
на некое дамнешно морско патување
се обложувам дека и тие ме заборавиле

но во оние прости прошетки
без разлика дали само си умислувам
дека ги познавам – јас сите ги поздравувам

да не речат после дека сум се курчел
„Види го педерчево се прави важен
ја врти главата а на времето му го пушев"

„Добро утро" „Здраво" „ Добар ден" –
поздрав што не ме обврзува да застанам
и да елаборирам со какво право ги поздравувам

„Ене го оној што сите ги поздравува" –
си велат и преминуваат преку улица
панично бегаат да не ги ставам во небрано

некои по инерција отпоздравуваат
некои ја вртат главата и нешто мрморат
некои со крајна рамнодушност ме игнорираат

се прават важни мамицата нивна
но и ним еден ден си ќе им се испомеша
ќе речат тие здраво а јас ќе си гледам само право

DOESN'T MATTER – I GREET EVERYONE

Years and faces – many
acquaintances meetings old friends –
can anyone remember them all?

I'm bad at remembering faces
and there was no excuse for it
a weakness of youth and now I'm paying for it

I know some people only by sight
I might have hung out with some
Others (I guess) I've seen on TV

From primary school or high school
a trip to the sea long ago –
I bet they've forgotten me too

but simply by their walks
even if I just imagine them
I know them – still I greet them all

So they can't say I'm looking down on them
"look at this asshole showing off
turning his head and being blown away"

I give a greeting – "Good morning", "Hi", "Good afternoon" –
that doesn't oblige me to stop
and elaborate on my right to greet them

"There's the chap who greets everyone" –
they say and cross the street
running in panic so I don't catch them unprepared

some greet back by inertia
some turn their heads and mumble
some ignore me, utterly indifference

they give themselves airs, make gestures
but they'll get in a muddle too some day
they'll say "Hi" and I'll just look straight ahead

Translated by Elizabeta Bakovska

СОНЦЕТО НЕ Е НИ ТОЛКУ ВАЖНО

На дождот не му е местото тука
а и да падне сите би се изненадиле
                              што не е солен
вредниот Север дојден да чепне малку сонце
протеини адреналински инјекции во својата
              долгогодишна предигра на смртта
плажа – бело и црно – заштитете се деца
                      ова не е нормално –
балоните изложени на сонце може да ви
                  експлодираат в очи
добро посолени тела се похуваат во песок
                    па се пржат на сонце
една жена – црна складност – рак щ шета
                по кожата – не се ни забележува
две изгореници од втор степен се мачкаат со сенка
две обетки на брадавици го попречуваат патот –
неколку деца и јас сакаме да се лулкаме на нив
пот мускули влакна и стомаци – одморете се луѓе
          од сигурноста во вашите скапи костуми
ене ги и тетовираните атлети со златни синџири
(на кои можат да се укотват прекуокеански бродови)
чекорат по жешкиот песок со азбестни табани
уверени дека со своите пениси можат да ги пополнат
                и озонските дупки
ненуркачите нуркаат во песокот сомневајќи се
              во селективноста на брановите
нуркачите пак повеќе му веруваат на својот истенчен вкус
сигурни се во себе зашто знаат дека без разлика дали
се удавиле или не – морето ќе ги исфрли на површина
исто како што ги исфрла и останатите гомненици

ДЕСЕТ ГОДИНИ ПРЕД

„На дивата свиња не щ треба испитување на пазарот
          за да пронајде тартуфи во шума"
пронајдени – јас свиња ти тартуфа
се држиме за раце небаре едниот е дете
во толпа во непознат град на фиеста

денот завршува бавно – во fade-out

THE SUN DOESN'T MATTER SO MUCH

The rain doesn't belong here
and even if it rains we wouldn't be surprised if
                  the rain was salty
the hard-working North has come to taste the sun
with proteins and adrenaline shots for its long foreplay with death
a beach of black and white – protect the kids
             this is not normal –
balloons exposed to the sun can
           explode in your face
well-salted bodies are seasoned in the sand
           and then baked in the sun
a woman – tanned to perfection – has cancer walking
           over her skin – unnoticed
two second degree burns cover themselves with shadow
two nipples pierced with rings obstruct the way
several kids and I would like to swing on them
sweat muscles hairs bellies – take a break folks
      from the security of your expensive costumes
tattooed athletes appear with golden chains
(which could easily hold the anchors of ocean liners)
and walk over the hot sand with asbestos feet
convinced their penises can fill the ozone holes
non-divers dive into the sand suspicious of the selective
           nature of the waves
divers rely on their superior knowledge
and are very confident of themselves for they know
that, even if they drown, the sea will wash up their bodies
in the same way as it washes up sorts of other shit.
                  Translated by Zoran Ančevski

TEN YEARS AGO

"A boar doesn't need market research
      to find truffles in the forest"
so we found each other – I'm the boar and you're the truffle
we hold hands as though one of us is a child
in a crowd at a fiesta in a strange city
the day ends slowly – in a fade-out

дрвото си ја прибра сенката како што излетникот
си ја прибира простирката послана под дрво
полунаведнати минуваме под неговите ниски гранки –
небаре излегуваме од хеликоптер

бараме празна клупа во прегратката на кејот
крај канделабрите чии одблесоци во реката
                            ќе ги угаси сонцето
засвежува но затоа пак не е претопло
ги гледаме старците кои одат некаде
бавно и сигурно – во fade-out

би имале ли што да си кажеме за десет години –
ќе се познаваме предобро и ќе се избегнуваме
прекрасни се овие моменти на презентација
на најдоброто што мислиме дека го имаме
а маните и непремостливите разлики
                  нека останат притаени – за сега

не сме клинци да се фаќаме на клупа
но прв пат сме на одмор заедно
и се запознаваме запознавајќи го градот
цел живот ќе се запознаваме запознавајќи
                            го животот
и кога вистински ќе се запознаеме
еден ќе мора да си оди

ПО НОВАТА ГОДИНА

Ноќеска милион петарди дупнаа
                  милион балони
внимаваме да не ги газиме
небаре се презервативи полни
                  со експлозив
омајни се овие првогодишни утрински
  прошетки по празните глуви улици
само старци и заскитани славеници
кои го пијат првото утринско сонце
                      како живо јајце
ноќеска овде одбројуваа си ги стругаа
лицата и се прскаа со надеж пенлива
ги имаше како зборови на буквата П

a tree wraps up its shade like a picnicker
beneath it folding up his blanket
stooping, we pass under its low branches –
as if coming out of a helicopter
we look for an empty bench on the river bank
by the street lights whose reflections in the river
                will be blotted out by the sun
it's fresh but not too warm
we watch old people going somewhere
slowly, securely – in a fade-out
will we have something to say to each other in ten years? –
we'll know each other better and we won't need
to present ourselves only at our best
we'll let our flaws and irreconcilable differences
        remain hidden – for the time being
we are no longer kids sitting together on a bench
but are on our first holiday together
getting to know each other by getting to know the city –
we'll get to know each other by getting to know life
and when we truly know each other
one of us will have to go

                Translated by Elizabeta Bakovska

AFTER NEW YEAR

Last night a million fire-crackers burst
                a million balloons
we're careful not to step on them
as though they're condoms filled with explosives
these first morning walks of the new year
along deserted empty streets are magical,
with old men and lost party-goers
drinking in the early-morning sun like a raw egg
here, last night, they were counting down, scrubbing
their faces and spraying each other with foamy hope
there were as many of them as words beginning with F

во речникот на мајчиниот
сега спијат како бебиња со шишенца
расол во лулките
се одмораат и цвеќињата и зимата
и ората и зората и сармите и дамите
се одмораат и градоначалникот и
првото рулче и телевизорот и докторот
само ние со дебели очи и траќни глочки
во потрага по отворена продавница
минуваме крај дрвјата со себојни
светлечки овошки
крај иглите на зимзелените вденати во
бели влакна од брадите на црвените
крај убави украсни хартии (веројатно)
нетрпеливо оттргнати од убави подароци
крај таксист кој не се пали на палец
крај единстената отворена продавница
од каде на крајот купуваме векна леб
и со неоправдана неугодност си ја
земаме малата паричка кусур
што можеби подоцна ќе ни се најде
за во лепчето на Бадник

ПО СЕКСОТ

Слегуваме по кратерот
и си ги бараме гаќите
јазиците се си уште испреплетени
за да не кажат некоја глупост
го бришеме мечот или го вадиме штитот
четири усни пушат една цигара
четири нозе (една меѓу друга под чаршав)
како есцајг во салфетка
туширање (ај кога веќе сме голи)
блажен сон или кратка пауза
нешто слично како по напишана песна
многу подобро отколку после дркање
во секој случај една пријатна еустазија
победнички одмор на врвот на планината
Александар и Букефал по освојувањето на Персија
Georg Friedrch Hдndel пред да западне во длабок сон
по тринеделната борба со неговата Месија

in mother's dictionary
but now they're sleeping like babies with bottles
in their cribs
flowers and winter are at rest
dances and dawn and cabbage rolls and ladies
and the mayor are at rest and
so is the first baby and the TV and the doctor
it's only us, our eyes thick with sleep,
who are searching for an open store
we pass by trees with shiny, multicoloured fruits,
pine needles stuck into
the white hairs of red beards,
decorative wrapping paper (probably)
impatiently torn from beautiful gifts,
a taxi driver who does not respond to being thumbed down,
and come to the only open store
where we buy a loaf of bread
and, with unjustified uneasiness,
pocket the small change
that might come in useful later
for the Christmas Eve bread.

Translated by Elizabeta Bakovska

AFTER SEX

We descend the crater
and look for our underwear
our tongues still entwined
unable to say a single stupid word
we either wipe the sword or polish the shield
four lips smoke one cigarette
four legs (one on top of another beneath the sheets)
　　　　like cutlery wrapped in a napkin
then a shower (why not as we're naked)
a blissful nap or a short break
similar to an unwritten poem
much nicer than a frenzied wank
a pleasant ebb and rise,
a winner's rest at the top of a mountain
like Alexander and Boukephalos after conquering Persia
or Georg Friedrich Händel before falling deeply asleep
after his three-week battle with his Messiah

меѓупростор што ја потврдува љубовта
нешто единствено и ретко
нешто што можеме веднаш
                    да го повториме
доколку твојот сопруг
се заборави на работа

ЖЕНАТА СОВОЗАЧ

Жената совозач
располага со половина од шофершајбната
и со огледалцето во спуштениот сонцобран

жената совозач
не престанува да зборува – но истото го
прави и дома – во улога на животен сопатник

жената совозач
најчесто нема ни возачка дозвола – но тоа не
? го ускратува правото да се однесува како инструктор

жената совозач
(всушност) треба кон мажот возач да ја има
почитта што стјуардесата ја има кон главниот пилот

жената совозач
не е лошо да има мини здолниште
и убави голи колена веднаш до рачната сопирачка

жената совозач
може и да ти се најде – доколку ти се дупне гума
или ако ти рикне колата па нема кој да ја турка

жената совозач
може да има совршен профил
со ѓубришта на нивите во рамката на прозорецот

жената совозач
е најубава кога спие – а ти почнуваш да
уживаш во возењето и правиш си што треба

само да не ја разбудиш

a space in-between which confirms love's existence
something unique and rare
something that we can do again immediately
if your husband
stays longer at work

Translated by Zoran Ančevski

THE WOMAN PASSENGER

The woman passenger
owns half of the windsceen
and the mirror on the lowered sun visor

The woman passenger
won't stop speaking – but then neither does she
at home – as the co-driver in my life

The woman passenger
often doesn't even know how to drive – but
it doesn't deprive her of the right to be my instructor

The woman passenger
(actually) should respect the male driver just
like the flight attendant respects the pilot

The woman passenger
can wear a mini skirt
that shows her nice bare knees next to the hand-brake

The woman passenger
can also be useful – if you have a flat tyre
or your car dies and there's nobody to push

The woman passenger
can have a perfect profile
against rubbish dumps in the fields seen through the window

The woman passenger
is most beautiful when asleep – then you start to enjoy
driving and you do all it takes
not to wake her up

Translated by Elizabeta Bakovska

ОТКАКО ЌЕ ЗАСПИЈАТ ДЕЦАТА

Откако ќе заспијат децата
имаме време да се запознаеме подобро
но премудри сме за да запаѓаме во неволји

откако ќе заспијат децата
би можеле цела ноќ да се бакнуваме
но ние немаме време за губење

откако ќе заспијат децата
би можеле некаде и да излfloat –
но каде би оделе без децата

откако ќе заспијат децата
набрзина се соблекуваме
и панцир-пижами облекуваме

откако ќе заспијат децата
голтаме по неколку редови од книгата
„подобро да заспиете отколку да се убиете“

откако ќе заспијат децата
би можеле да го надоместиме пропуштеното
но нашите дечиња не се мечиња туку дечиња

откако ќе заспијат децата
можеме да се посветиме на уметноста
но зар е таа вредна сонот за неа да се жртвува

откако ќе заспијат децата
проверуваме дали имаме презервативи –
сигурноста но успокојува и веднаш заспиваме

РАЗВОД

Крај на уште една војна
мировниот договор е потпишан
и без разлика дали е Дејтонски
Охридски или Скопски треба да се
                              почитува

AFTER THE KIDS FALL ASLEEP

After the kids fall asleep
we have time to know each other better
but we are too wise to get into trouble

after the kids fall asleep
we could kiss all night
but have no time to lose

after the kids fall asleep
we could go out somewhere –
but where would we go without the kids?

after the kids fall asleep
we quickly undress and
put on our bullet-proof pyjamas

after the kids fall asleep
we devour several lines of the book
Better to Fall Asleep than to Kill Yourselves

after the kids fall asleep
we could make up for things missed
but our kids are no teddy-bears they are little kids

after the kids fall asleep
we could dedicate ourselves to art
but is it worth sacrificing one's sleep?

after the kids fall asleep
we check if we have condoms
and because we're safe, we calm down and immediately fall asleep

Translated by Elizabeta Bakovska

DIVORCE

The end of another war
the peace treaty is signed
and whether in Dayton
Ohrid or Skopje it should be observed

едната страна не е баш најзадоволна
но вака барем нема да има нови жртви
загубите штетите последиците се големи
и ќе треба месеци да се утврдат и години да
$\qquad\qquad\qquad\qquad\qquad$ се санираат
територијата е поделена трофеите разменети
а децата на војната (со време) ќе станат деца на цвеќето
времето е доктор и за некоја година кога
$\qquad\qquad\qquad\qquad\qquad$ ќе се смират страстите
можеби повторно ќе се воспостават билатерални
односи и пријателство без граници
но дотогаш во повоениот период
(време на изградба просперитет процут)
треба мирно и најнемирно да се слави мирот

од војна некој излегува како воен профитер
некој како срушен облакодер
а некој како дете на цвеќето

КАКВИ НАТКОЛЕНИЦИ ЧОВЕКУ

Какви потколеници човеку
туку што помина прошарана со текстил
со трибојна хоризонтална прозирност
што лебди на неа како знаме на развратот

лигаментите си уште неистегнати
не знае што е дископатија
парадентопатија апатија

прати ја ---------- господе
прати ја онаму каде што сака да стигне
(но потруди се и јас да бидам таму)
чистота прочистена со лесна порнографија
наивност што ги збунува и најискусните
и невиност што ве силува и ве поттикнува
да сторите нешто што е казниво со закон

но внимавате!!! таа пука!!!
а од што пука?
пука од здравје – се разбира

one of the parties is not really happy
but at least there will be no new casualties
the losses damages consequences are great and
months will pass before they are determined,
years before they are fixed
territory is divided, trophies are exchanged
and (in time) the children of war will become flower children

Time is a healer and in a year
               when passions calm down
maybe bilateral relations and friendship without barriers
will be re-established
but until then, in the post-war period
(a time to re-build and prosper) one should
peacefully and exuberantly celebrate peace

after a war, someone emerges a profiteer,
someone a demolished skyscraper,
someone a flower child

Translated by Elizabeta Bakovska

MAN, WHAT LEGS

Man, what legs
she has just passed by in bits of fabric
that hover above her like a three-coloured
horizontal transparent flag of lechery

her ligaments still not fully stretched
she knows nothing of discopathy
paradentopathy or apathy

send her ---------- Lord
send her to where she wants to go
(but make sure that I'm there too)
purity obtained by mild pornography
naivety that perplexes even the most experienced
and innocence that overcomes you and urges you
to do unlawful things

but take care! she is bursting
with health –
of course

целото Cafe Paszkowski станува на нозе и аплаудира
сите тие поети глумци сликари-микари
со ракии коктели ликери-микери
добија инспирација за рекреација

можеби подоцна маж пијаница
четири деца и живот со свекрва
целулит брчки и завидливи кучки
можеби подоцна менингитис
физометра менопауза рак на дојка

можеби подоцна – но сега...
улицата се зашемети а со неа и куќите
а со нив и прозорците а со нив и завесите
зад кои луѓето стојат и гледаат што се случува на улицата

„ништо значајно" – рече педерот келнер од Cafe Paszkowski
но кога гостите го погледнаа со дисторзирани очи
сфати дека денес не смее да смета на бакшиш

ТАА САКА ДА ЛИЖЕ СЛАДОЛЕД ОД ВАНИЛА
ДОДЕКА ВОЗИ РОЛЕРКИ ОКОЛУ ФОНТАНА
ВО КВЕЧЕРИНА ПРЕД ДА ПОЈДЕ НА РАБОТА

Од каде ли доаѓаш
безимена и многуимена
еластична и практична
тесна и широка – прилагодлива
и како се осмелуваш да говориш
ти совршена кукло која не вика „мамаааа"
                    кога ќе ја свиткаат

ти миксеру во кој се мешаат сокови
од медитерански овошја и од кромид
дупко под дупката масовна гробницо
студентска револуцијо и селска буно
златен венцу што мирисаш на мртва поетеса
кога се потиш околу вратот на наградениот

everyone in Café Paszkowski stands up and applauds
every poet actor arty-farty
with brandy vodka cocktail-mocktail
gets inspiration for recreation

perhaps later with a drunken husband
four kids and life with a mother-in-law
with cellulite wrinkles and envious bitches
perhaps with meningitis later on
and physometra menopause
or breast cancer

perhaps later – but now…
the streets are reeling so are the houses
windows and curtains
behind which stand the people who always watch
                    what's happening in the street

"It's nothing important", says the gay waiter in Café Paszkowski
but when the guests look at him frowning
he realizes that today he can't count on tips
                              Translated by Zoran Ančevski

**SHE WANTS TO LICK ICE-CREAM AND CIRCLE
THE FOUNTAIN ON ROLLER SKATES IN THE TWILIGHT
BEFORE GOING TO WORK**

Where do you come from
you who are nameless and have many names,
flexible and pragmatic,
narrow and wide, adaptable
and how dare you speak
you, a perfect doll which doesn't say "mamaaaa"
                    when squeezed or bent?

you, a blender in which juices of Mediterranean fruits
and onions are mixed,
a hole and under it a mass grave,
you, a student revolution, a peasant rebellion
you, a golden garland that smells of a dead poet
round the sweating neck of the winner

во тебе првиот и последниот куршум –
небаре си подвижна мета барска птица
што ја гаѓаат воздушни пушки
и над која се лигават ловечки кучиња

непишана потврдо на неправдата
(да беше попаметна ќе беше погрда
а со тоа машкиот род би загубил многу)
светилнику претворен во пристаниште
        Атлантидо и Елдорадо

државо Невада во која се блудничи
но патем се вршат и нуклеарни проби

ти со мирис на хармоника
помешан со евтин дезодоранс
и со пот на стомачна танчерка
што се влева во голиот папок
над клекнатите ракоплескачи

убавице полуписмена
тажна добротворна дарувалко
наоружана со нападна пренагласеност
нашминкана со пастелни бои како
Femme Fatale na Kees van Dongen
а воедно стаклена кревка и кич
небаре те направил Swarovsky

доволно си паметна да станеш телевизиска ѕвезда
на ова небо на кое светкаат куртони
со цена од 20 денари за еден

ПОГРЕБ

Капелата е тесна и задушлива –
дури и мртовецот пребледел
попот пее веќе половина час –
пее чита и рецитира
и ако продолжи уште малку
ќе мора да се ископа уште некоја дупка
„убаво пееше попчето“ – вели една бабичка
„убаво убаво“ – одговара другата бабичка

you, who receive the first and the last bullet –
you, a bird in the marshes like a moving target
being shot at with pump-guns
hunting dogs drivelling above you

you, unwritten proof of injustice
(had you been cleverer you'd have been uglier
and so the male species would have lost out)
you, a lighthouse turned into a port
you, Atlantis and El Dorado,
the lecherous state of Nevada
test site for nuclear bombs

you, the smell of an accordion
mixed with cheap deodorant
and the sweat of a belly dancer
that trickles into her naked navel
above kneeling admirers

you, a half-literate beauty,
a sad and generous giver
armed with excessive assertions,
with pastel-coloured make-up
like Femme Fatale by Kees van Dongen
though as fragile and as kitsch
as if created by Swarovsky

you are smart enough to become a TV star
under this sky of glimmering condoms
at 20 denars each

Translated by Zoran Ančevski

FUNERAL

The chapel is small and musty –
even the deceased has turned pale
the priest has sung for half an hour –
singing reading and reciting
and if he goes on like that
other graves will have to be dug
"he sings nicely," says a granny
"very nicely," agrees another

секој од блиските држи по една запалена свеќа –
искрена молитва што на мртовецот
              ќе му го осветли патот до бога
прегрешенијата се повеќекратно простени
телото наскоро ќе се протне низ вратата на вечноста
но душата е жива и можеби е меѓу нас
и можеби нечујно кива во облаците од темјан
потоа две леви и две десни раце
кола капак крст цвеќиња и венци
и повторно попот
(млад селски мангуп со брадичка)
кој го кажува последниот збор додека
гробарите импровизираат примитивен лифт
потоа живите фрлаат по една грутка земја –
              за да му биде лесна земјата
па попот истура малку црвено вино –
              за да му биде…
па повторно се на ред гробарите
но овој пат креваат толку многу прашина
што сите безглаво се разбегуваат од гробот
                    небере преплашени
небаре виделе мртовец

each of the relatives holds a lit candle –
a prayer to illuminate
        the dead man's path to God
his sins have already been forgiven
his body will soon pass through the gates to eternity
but his soul is alive and perhaps lingers among us
maybe silently sneezing from the incense
then two left arms two right arms
a hearse a coffin a coffin-lid bunches of flowers wreaths
and the priest again
(a young village thug with a well-trimmed beard)
who says a last word of prayer
while the grave-diggers lower the coffin
                on an improvised lift
then the living throw a handful or two of dirt –
                ashes to ashes dust to dust
and the priest pours a bit of red wine –
                dust to dust wine to...?
and the grave-diggers are back again
                raising so much dust
that all those present scatter from the grave
        as if scared of something
as if they've seen a ghost

Translated by Zoran Ančevski

ZORAN ANČEVSKI is a poet, translator and editor. He has published six highly acclaimed books of poetry, selections of which have been translated into over fifteen different languages. He teaches British and American literature at Skopje University. Ančevski has translated many literary works by such eminent authors as W. B. Yeats, T. S. Eliot, Seamus Heaney, Derek Walcott and Toni Morrison. He is a member of the Macedonian Writers' Union, the Literary Federation for World Peace, two times secretary of Macedonian P.E.N., and was president of the Organizing Board of the Struga International Poetry Festival for five years.

LJUBICA ARŠOVSKA is a translator and editor in chief of *Kulturen zivot*, the leading cultural magazine in Macedonia. She has translated numerous books, plays and poetry from English into Macedonian and from Macedonian into English.

ELIZABETA BAKOVSKA – see biography on p. 21

MILNE HOLTON is a poet, translator, editor and reviewer. He has translated and edited several collections of poetry and short stories including *Waterlings*, *Songs of the Serbian People*, *The New Polish Poetry* and *The Big Horse and Other Stories of Modern Macedonia*.

IGOR ISAKOVSKI – see biography on p. 109

CAROLYN KIZER is a poet, translator and Pulitzer Prize winner. She studied poetry at the University of Washington under Theodore Roethke, and later co-founded the journal *Poetry Northwest*. She has taught at institutions in Pakistan and various universities across the United States including Colombia, Princeton and Stanford.

PETER H. LIOTTA is an author and translator. He is the Chair of Economic Geography and National Security at the U.S. Naval War College, and serves on the advisory boards of two other international University Institutes. Liotta's own work has been widely translated and he has received several prestigious accolades including a Pulitzer Prize nomination, a National Endowment for the Arts, and a Fulbright scholarship.

ARVIND KRISHNA MEHROTRA is a poet, anthologist, literary critic and translator, and is currently Head of the Department of English at the University of Allahabad. He has published four collections of poetry, and has also edited books of criticism and translation. Mehrotra was nominated for the Oxford Professorship of Poetry in 2009.

PEGGY REID was born in Radstock, England. She read English at Cambridge before qualifying as a teacher, and taught English at Ss Cyril and Methodius University, Skopje. She has worked on a variety of translations including history texts, medical papers, film and play scripts, poetry and novels. Reid has gained awards from the Macedonian Guild of Translators and the Struga Poetry Festival and is a Doctor *honoris causa* of Ss Cyril and Methodius University. She has an MBE for her contribution to Language and Literature in Macedonia.

TOMAS SHAPCOTT is a poet, novelist, playwright and editor. He has written fifteen poetry collections and six novels. He has been director of the Australia Council's Literature Board, Executive Director of the National Book Council, and Professor of Creative Writing at Adelaide University. Shapcott is the recipient of several literary awards, including the Order of Australia for services to Literature, the Wesley Michel Wright Prize for Poetry, the Patrick White Award, and has an Honorary Doctorate of Literature from Macquarie University.

ABOUT THE INTRODUCER

ANA MARTINOSKA is a highly-respected Macedonian academic specializing in Macedonian folk literature. Following her post-graduate studies at the Philological Faculty at Blazhe Koneski-Skopje into 'The Poetics of Macedonian Folk Riddles', she participated in a number of research projects into Macedonian myth and folklore. She has spoken at numerous conferences and symposiums both in Macedonia and Eastern Europe, including Romania, Bulgaria, Hungary, Ukraine and Russia, and has been published widely in scholarly journals. She is a member of the Association of Comparative Literature in Macedonia and the International Comparative Literature Association.

Other anthologies of poetry in translation published
in bilingual editions by Arc Publications include:

Altered State: An Anthology of New Polish Poetry
EDS. ROD MENGHAM, TADEUSZ PIÓRO, PIOTR SZYMOR
Translated by Rod Mengham, Tadeusz Pióro *et al*

*A Fine Line: New Poetry from
Eastern & Central Europe*
EDS. JEAN BOASE-BEIER, ALEXANDRA BÜCHLER, FIONA SAMPSON
Various translators, with an introduction by Fiona Sampson

Six Slovenian Poets
ED. BRANE MOZETIČ
Translated by Ana Jelnikar, Kelly Lennox Allen
& Stephen Watts, with an introduction by Aleš Debeljak
NO. 1 IN THE 'NEW VOICES FROM EUROPE & BEYOND' ANTHOLOGY SERIES,
SERIES EDITOR: ALEXANDRA BÜCHLER

Six Basque Poets
ED. MARI JOSE OLAZIREGI
Translated by Amaia Gabantxo,
with an introduction by Mari Jose Olaziregi
NO. 2 IN THE 'NEW VOICES FROM EUROPE & BEYOND' ANTHOLOGY SERIES,
SERIES EDITOR: ALEXANDRA BÜCHLER

*A Balkan Exchange:
Eight Poets from Bulgaria & Britain*
ED. W. N. HERBERT

*The Page and The Fire:
Poems by Russian Poets on Russian Poets*
ED. PETER ORAM
Selected, translated and introduced by Peter Oram

Six Czech Poets
ED. ALEXANDRA BÜCHLER
Translated by Alexandra Büchler, Justin Quinn
& James Naughton, with an introduction by Alexandra Büchler
NO. 3 IN THE 'NEW VOICES FROM EUROPE & BEYOND' ANTHOLOGY SERIES,
SERIES EDITOR: ALEXANDRA BÜCHLER

Six Lithuanian Poets
ED. EUGENIJUS ALIŠANKA
Various translators, with an introduction by Eugenijus Ališanka
NO. 4 IN THE 'NEW VOICES FROM EUROPE & BEYOND' ANTHOLOGY SERIES,
SERIES EDITOR: ALEXANDRA BÜCHLER

Six Polish Poets

ED. JACEK DEHNEL

Various translators, with an introduction by Jacek Dehnel

NO. 5 IN THE 'NEW VOICES FROM EUROPE & BEYOND' ANTHOLOGY SERIES,
SERIES EDITOR: ALEXANDRA BÜCHLER

Six Slovak Poets

ED. IGOR HOCHEL

Translated by John Minahane, with an introduction by Igor Hochel

NO. 6 IN THE 'NEW VOICES FROM EUROPE & BEYOND' ANTHOLOGY SERIES,
SERIES EDITOR: ALEXANDRA BÜCHLER